Was die Seele nährt

Christiane Neuen (Hg.)

Was die Seele nährt

Inspirationen

Patmos Verlag

VERLAGSGRUPPE PATMOS

PATMOS
ESCHBACH
GRÜNEWALD
THORBECKE
SCHWABEN
VER SACRUM

Die Verlagsgruppe
mit Sinn für das Leben

FSC
www.fsc.org
MIX
Papier aus verantwortungsvollen Quellen
FSC® C014496

Klimaneutral
Druckprodukt
ClimatePartner.com/14549-2003-1001

Die Verlagsgruppe Patmos ist sich ihrer Verantwortung gegenüber unserer Umwelt bewusst. Wir folgen dem Prinzip der Nachhaltigkeit und streben den Einklang von wirtschaftlicher Entwicklung, sozialer Sicherheit und Erhaltung unserer natürlichen Lebensgrundlagen an. Näheres zur Nachhaltigkeitsstrategie der Verlagsgruppe Patmos auf unserer Website www.verlagsgruppe-patmos.de/nachhaltig-gut-leben

Hergestellt nach dem Cradle-to-Cradle Prinzip. Schützt unsere Umwelt und fördert eine abfallfreie Wirtschaft. Ausschließlich mit Ökostrom produziert, alle CO_2-Emissionen wurden kompensiert.

Bibliografische Information der Deutschen Nationalbibliothek
Die Deutsche Nationalbibliothek verzeichnet diese Publikation in der Deutschen Nationalbibliografie; detaillierte bibliografische Daten sind im Internet über http://dnb.d-nb.de abrufbar.

Verlagsgruppe Patmos in der Schwabenverlag AG, Ostfildern
www.verlagsgruppe-patmos.de

Umschlaggestaltung: Finken & Bumiller, Stuttgart
Gestaltung, Satz und Repro: Schwabenverlag AG, Ostfildern
Druck: GGP Media GmbH, Pößneck
Hergestellt in Deutschland
ISBN 978-3-8436-1418-4

Inhalt

Vorwort

Wir brauchen Nahrung, um zu leben – nicht nur wir Menschen, sondern alle Lebewesen, und die Nahrung ist jeweils ganz verschieden: Katzen brauchen Fleisch, Vögel brauchen Körner, Bienen brauchen Pollen, Pflanzen brauchen Wasser und Licht. Manchmal ist die Nahrung sehr speziell, etwa bei Pandabären, die fast ausschließlich Bambus fressen. Das Spektrum der menschlichen Lebensmittel ist dagegen groß und reicht von Salat bis Schokoladenkuchen. Doch welche Nahrung braucht die Seele? Und was ist die Seele?

In allen Religionen und spirituellen Traditionen gibt es zahlreiche Bilder und Vorstellungen von der Seele. Sie wird z. B. als das Lebendige im Menschen verstanden, das von Gott kommt und zu ihm zurückkehrt. So gilt die Seele im Islam als der „Hauch Gottes", wie auch Jahwe im Alten Testament bei der Erschaffung der Welt den Geschöpfen seinen Atem einbläst und sie dadurch lebendig macht. In allen drei monotheistischen Religionen gibt es die Vorstellung, dass die Seele nach dem Tod zu ihrem Schöpfer zurückkehrt. Die Seele wird auch als der göttliche Kern des Menschen verstanden, als seine Essenz, die eins ist mit dem Göttlichen. In der christlichen Mystik spricht Meister Eckhart vom göttlichen Seelenfunken; im Hinduismus sind Brahman (das kosmische Prinzip, das Absolute) und Atman (die Seele des Einzelnen, das Selbst) eins.

In der Philosophie haben sich Menschen seit der Antike Gedanken darüber gemacht, was die Seele ist bzw. ob es überhaupt eine gibt. Die meisten heutigen Menschen haben jedoch ein intuitives Gespür dafür, was mit „Seele“ gemeint ist. Auch in der Alltagsprache geben verschiedene Redewendungen Hinweise: Jemand klagt z.B.: „Das tut mir in der Seele weh“ – die Seele hat mit Gefühlen zu tun. Ein anderer engagiert sich mit ganzer Kraft für etwas, ist „mit Leib und Seele dabei“ – Körper und Seele bilden eine Einheit. Wir sagen: „Die Augen sind die Fenster zur Seele“ – die Seele ist tief in uns verborgen und kann über den Blick sichtbar und erfahrbar werden. Menschen können „ein Herz und eine Seele“ sein und das Glück einer tiefen Verbundenheit empfinden. Sie sind dann *„soul mates“*, Seelenverwandte.

In der akademischen Psychologie, eigentlich die Wissenschaft von der Seele (griech. *psyche*), werden viele Bereiche der menschlichen Psyche erforscht und beschrieben, z.B. kognitive und biologische Grundlagen des Verhaltens und Erlebens, intra- und interpersonelle psychische Prozesse, verschiedene Psychopathologien – die Seele, vor allem in ihrer spirituellen Orientierung, findet jedoch selten Beachtung. Je nach vertretenem Welt- und Menschenbild wird die psychologische Sichtweise immer materialistischer, werden die Tiefenschichten der Seele immer weniger wahrgenommen, verflacht manche Psychotherapieform zur Psycho-Technik. Bereits 1931 konstatierte C. G. Jung, der Begründer der Analytischen Psychologie, die zu einer der drei tiefenpsychologischen Schulen gehört: „Nachdem […] die ganze Menschheit seit ihren ersten Anfängen von der Überzeugung einer substantiellen Seele ausgegangen war, entstand in der zweiten Hälfte des 19. Jahrhunderts eine Psychologie ‚ohne Seele'."[1]

Jung selbst scheute sich nicht, als Psychoanalytiker das Wort „Seele" zu verwenden, im Gegenteil. Er war von der „Wirklichkeit der Seele"[2] überzeugt: „Obschon man es sich nicht kann träumen lassen, das Geheimnis der Seele je auszuschöpfen, so scheint es mir doch zu den vornehmsten Aufgaben des menschlichen Geistes zu gehören, unermüdlich um eine stets sich vertiefende Erkenntnis des seelischen Wesens sich zu bemühen."[3]

Auch wenn das Geheimnis der Seele nicht ausgeschöpft werden kann, gehört zu dem, was wir über sie wissen: Die Seele muss genährt und gepflegt werden. Menschen machen immer wieder einmal in ihrem Leben die Erfahrung, seelisch zu hungern – nach Liebe und Zuwendung, nach Lebendigkeit, nach spiritueller Verbundenheit mit einem größeren Ganzen. Was aber kann die Seele nähren? Die in diesem Buch versammelten Texte namhafter Autorinnen und Autoren aus Tiefenpsychologie und Spiritualität geben Antworten auf diese Frage: Seelennahrung hat zu tun mit Sich-Öffnen für Freude, Hoffnung, Gelassenheit und Dankbarkeit (Verena Kast, Brigitte Romankiewicz, Ingrid Riedel, Niklaus Brantschen); die Seele nährt sich von Liebe, Schönheit, Selbsterkenntnis und innerem Reichtum (Eugen Drewermann, Khalil Gibran, Sylvia Wetzel); die Seele zu nähren bedeutet Hinwendung nach innen, In-Kontakt-Kommen mit dem Göttlichen (C. G. Jung, Brigitte Dorst, Hubertus

Halbfas, Thomas Merton) und Sich-Einlassen auf das ganz Andere, auf die Wirklichkeit hinter der Wirklichkeit (Ishpriya Kinsey, Hugo M. Enomiya-Lassalle).

Ich wünsche den Leser:innen dieses Buches, dass sie in den hier versammelten Texten viele Hinweise finden, was die Seele nährt, und dass diese Texte selbst sie innerlich berühren und ihnen Seelennahrung sein können.

Münster, im April 2022
Christiane Neuen

C. G. JUNG

„Bist du auf Unendliches bezogen?“

Die entscheidende Frage für den Menschen ist: Bist du auf Unendliches bezogen oder nicht? Das ist das Kriterium seines Lebens. Nur wenn ich weiß, dass das Grenzenlose das Wesentliche ist, verlege ich mein Interesse nicht auf Futilitäten und auf Dinge, die nicht von entscheidender Bedeutung sind. Wenn ich es nicht weiß, so insistiere ich darauf, um dieser oder jener Eigenschaft willen, die ich als persönlichen Besitz auffasse, etwas in der Welt zu gelten. Also vielleicht wegen „meiner“ Begabung oder „meiner“ Schönheit. Je mehr der Mensch auf falschem Besitz insistiert und je weniger das Wesentliche für ihn spürbar ist, desto unbefriedigender ist sein Leben. Er fühlt sich beschränkt, weil er beschränkte Absichten hat, und das schafft Neid und Eifersucht. Wenn man versteht und fühlt, dass man schon in diesem Leben an das Grenzenlose angeschlossen ist, ändern sich Wünsche und Einstellung. Letzten Endes gilt man nur wegen des Wesentlichen, und wenn man das nicht hat, ist das Leben vertan. Auch in der Beziehung zum anderen Menschen ist es entscheidend, ob sich das Grenzenlose in ihr ausdrückt oder nicht.

Das Gefühl für das Grenzenlose erreiche ich aber nur, wenn ich auf das Äußerste begrenzt bin. Die größte Begrenzung des Menschen ist das Selbst; es manifestiert sich im Erlebnis „Ich bin *nur* das!“. Nur das Bewusstsein meiner engsten Begrenzung im Selbst ist angeschlossen an die Unbegrenztheit des Unbewussten. In dieser Bewusstheit erfahre ich mich zugleich als begrenzt und ewig, als das Eine und das Andere. Indem ich mich einzigartig weiß in meiner persönlichen Kombination, d.h. letztlich begrenzt, habe ich die Möglichkeit, auch des Grenzenlosen bewusst zu werden. Aber nur dann.

In einer Epoche, die ausschließlich auf Erweiterung des Lebensraumes sowie Vermehrung des rationalen Wissens à tout prix gerichtet ist, ist es höchste Forderung, sich seiner Einzigartigkeit und Begrenzung bewusst zu sein. Einzigartigkeit und Begrenztheit sind Synonyme. Ohne sie gibt es keine Wahrnehmung des Unbegrenzten – und daher auch keine Bewusstwerdung –, sondern bloß eine wahnartige Identität mit demselben, welche sich im Rausch der großen Zahlen und der politischen Machtfülle äußert.

Unsere Zeit hat alle Betonung auf den diesseitigen Menschen verschoben und damit eine Dämonisierung des Menschen und seiner Welt herbeigeführt. Die Erscheinung der Diktatoren und all des Elends, das sie gebracht haben, geht darauf zurück, dass dem Menschen durch die Kurzsichtigkeit der Allzuklugen die Jenseitigkeit geraubt wurde. Wie diese ist auch er der Unbewusstheit zum Opfer gefallen. Die Aufgabe des Menschen nämlich wäre ganz im Gegenteil, sich dessen, was vom Unbewussten her andrängt, bewusst zu werden, anstatt darüber unbewusst oder damit identisch zu bleiben. In beiden Fällen würde er seiner Bestimmung, Bewusstsein zu schaffen, untreu. Soweit wir zu erkennen vermögen, ist es der einzige Sinn der menschlichen Existenz, ein Licht anzuzünden in der Finsternis des bloßen Seins. Es ist sogar anzunehmen, dass, wie das Unbewusste auf uns wirkt, so auch die Vermehrung unseres Bewusstseins auf das Unbewusste.

Verena Kast

Freude erlebbar werden lassen

Es ist auffällig, wie wenig in der Psychologie und besonders in der Tiefenpsychologie von Freude gesprochen wird. Die Emotionen der Angst, der Trauer, des Zorns usw. sind wesentlich gegenwärtiger und besser erforscht, wobei die Angst eine zentrale Stelle einnimmt, ja geradezu das Wesen des Menschen erklären soll. Nun gibt es neben diesen Emotionen der Bedrücktheit natürlich auch andere, die den Grundton des Freudigen tragen und die ich gehobene Emotionen nennen möchte – und wir sehnen uns ja auch nach ihnen: nach Freude, nach einem Zustand der Begeisterung, des Inspiriertseins, nach Hoffnung.

Diese gehobenen Emotionen werden aber nicht nur gesucht, sie sind uns in der Regel auch verdächtig: Wenn jemand sich freut, vielleicht auch etwas ausgelassen ist, fragen wir uns leicht, ob hier ein Problem abgewehrt wird, ob es sich um eine submanische Abwehr handelt. Ist jemand gedrückt, von Gram umwölkt, fragen wir uns kaum, ob es sich etwa um eine Abwehr von Freude handeln könnte. Beobachtet man, wie die Tiefenpsychologie mit den gehobenen Emotionen umgeht, so drängt sich der Gedanke auf, dass ein reifer Mensch oder auch ein Mensch auf dem Individuationsweg ein nur ernster Mensch ist, dass es sogar Ziel des Individuationsprozesses sein könnte, in tragischer Entsagung, im Bewusstsein der Schwere des

Lebens – ohne dass man den heiteren, leichten Aspekt auch sähe – den Rest des Lebens hinter sich zu bringen.

Es ist mein anthropologisches Anliegen aufzuzeigen, dass das Wesen des Menschen nicht nur aus der Angst, sondern auch aus der Freude heraus erklärt werden kann. Der Mensch ist zwar durchaus ein Angstwesen, er ist aber auch ein Freudenwesen. Angst treibt den Menschen in die Vereinzelung, *Freude aber ist die grundlegende Emotion für Verbundenheit und Solidarität.*

Mein psychotherapeutisches Anliegen ist es aufzuzeigen, dass der Mensch auch freudefähig ist, dass es sinnvoll ist, sich auch an unsere Freude zu erinnern, und dass man Erfahrungen der Freude auch stimulieren kann.

Die Rekonstruktion der „Freudenbiographie"

Wenn wir von unserer Biographie sprechen, dann werden vergangene Ereignisse – die Ereignisse „von damals" –, damit verbundene Gefühle, Hoffnungen, Wünsche, aber auch Beziehungsverhalten wiederbelebt. Vergangenheit wird in der Gegenwart so lebendig, dass wir oft auch von ihr eingeholt werden: Sie kann erneut emotionell erlebt werden.

In diesem Zusammenhang bedeutet Erinnern, sich mit der Vergangenheit zu identifizieren – wir sind ganz eins mit der Person, die wir damals waren –, zugleich aber auch, sich von der Vergangenheit zu distanzieren –

wir sind auch anders geworden, können mit Distanz zurücksehen. Sich zu identifizieren und sich auch zu distanzieren, das sind die wesentlichen Bewegungen des Bewusstwerdungsprozesses[4].

Normalerweise haben wir im Alter von dreißig oder vierzig Jahren unsere Biographie schon unendlich oft erzählt. Oft haben wir sogar eine „Biographie zum Erzählen" geschaffen, die mit dem wirklichen Lebenslauf mehr oder weniger Ähnlichkeit hat, je nachdem, wie sehr oder wie wenig spielerisch und phantasievoll wir sind oder welche Bedürfnisse des Vorzeigens, des Sich-Zeigens wir haben. So sagt Max Frisch: „Jeder Mensch erfindet sich früher oder später eine Geschichte, die er für sein Leben hält …"[5]

Wenn wir nun unter einer bestimmten Perspektive, einer bestimmten Fragestellung, die eigene Biographie wieder ansehen, können ganz andere Aspekte zum Vorschein kommen als bisher. Auch Lebenseinschnitte, die wir früher gar nicht wahrgenommen haben, oder Übergänge, die uns immer als ganz normal erscheinen, können dadurch heller ins Licht treten. Wenn wir nun versuchen, eine „Freudenbiographie" zu rekonstruieren, nehmen wir uns aus den gewohnten Biographiegeleisen heraus, auch aus den gewohnten Begrifflichkeiten. So finden wir nochmals eine neue Geschichte von uns, vielleicht erfinden wir sie auch.

Normalerweise erzählen wir unsere Anamnese unter dem Aspekt von Schwierigkeiten: Wir erzählen, wie die Schwierigkeiten, die wir heute haben, geworden sind. Die „Freudenbiographie" dagegen richtet ihren Blick auf eine ganz andere Fragestellung: Wie habe ich Freude erlebt in meinem Leben? Wie habe ich sie abgewehrt? Wie wurde sie mir verwehrt? Und: Was ist aus der Freude im Laufe des Lebens geworden? Ist sie weniger geworden? Ist sie mehr geworden? In der Regel werden ganz andere Aspekte der Persönlichkeit beleuchtet als bei einer normalen Anamneseerhebung, dennoch werden durchaus auch wichtige Veränderungen sichtbar, ja in ihrer emotionalen Bedeutung sogar greifbarer, als wenn wir eine übliche Anamnese vor uns haben.

Der Sinn einer solchen Rekonstruktion der „Freudenbiographie" liegt nicht nur darin, herauszufinden, was aus unserer Freude im Laufe des Lebens geworden ist, sondern auch darin, dass wir uns immer wieder mit Freudensituationen der Vergangenheit identifizieren: uns beispielsweise mit uns selber als freudigem Kind identifizieren oder eben – wenn wir die Freuden, die es in unserem Leben gab, gesammelt haben – mit uns selbst in unserer ganzen Entwicklung als freudefähige Menschen.

Die Mittel für die Rekonstruktion einer solchen „Freudenbiographie" sind einmal die Erinnerungen, die wir selbst haben. Dann sind es die Erinnerungen anderer, die wir erzählt bekommen. Denn vieles, das wir für unsere eigene Erinnerung halten, ist Erzählung von anderen Menschen: von Eltern, Geschwistern, Schulkameraden, Freunden. Fotografien, Tagebücher, alte Spielsachen können Träger von Erinnerungen an erlebter Freude sein. Zeichnungen und Bilder freudiger Momente oder auch Freudenträume können uns weitere Bereiche der Freude erschließen.

Freude und Erinnerung haben grundsätzlich viel miteinander zu tun, deshalb bietet es sich auch geradezu an, die Rekonstruktion der „Freudenbiographie" zu erstellen.

Es gibt einen Text im Tagebuch von Max Frisch:

> „Glück als das lichterlohe Bewußtsein: Diesen Augenblick wirst du niemals vergessen. Der Anblick ist da, das Erlebnis noch nicht. Man gleicht einem Film, der belichtet wird; entwickeln wird es die Erinnerung."[6]

Mir scheint das ein ganz wichtiger Text im Zusammenhang auch mit Freude zu sein. Glück – als ein äußerster Pol der Freude – wird mit dem „lichterlohen Bewußtsein", dass dieser Moment unvergesslich sein wird, in Verbindung gebracht. Hinterher wird uns eigentlich erst bewusst, was in diesem Moment wirklich geschehen ist, was so wichtig war, und in der Erinnerung an die Freude nehmen wir diese erst recht wahr, erleben sie, kosten sie aus; und in der Erinnerung gestalten wir sie dann auch weiter aus. Wir kennen wohl alle die Erfahrung, dass man mit einem Menschen zusammen etwas sehr Schönes erlebt hat und danach einen Brief schreibt, in dem alles, was so schön gewesen ist, nochmals beschrieben wird. Kommt dann ein ähnlich freudiger Brief zurück, dann wird die Freude noch einmal in der Erinnerung lebendig und auch als wirklich bestätigt. Man macht einander das Erlebnis bedeutsam und lieb und verstärkt einander die Freude. Dennoch spielt die Erinnerung beim Erleben der Freude nicht eine so große

Rolle wie das Wahrnehmen der freudigen Situation selbst. Können wir die freudige Situation nicht wahrnehmen, ist auch nichts da für die Erinnerung.

Eine Übung, die bei dem Versuch, die „Freudenbiographie" zu rekonstruieren, helfen kann

Versuchen Sie, sich eine Freudensituation vorzustellen. Es kann dabei hilfreich sein, sich mit einer imaginativen Technik in die Körperbewegungen des kleinen Kindes einzufühlen, das Sie waren.

- Erinnern Sie sich an Körperbewegungen, die Freude gemacht haben.
- Falls Ihnen nicht spontan weitere Erlebnisse aus dem späteren Leben einfallen, gehen Sie chronologisch vor und versetzen Sie sich in Freudensituationen, die Sie als Schulkind, dann mit 12, mit 14 Jahren usw. erlebten.
- Erinnern Sie eine Körperbewegung, die Sie als Kind besonders geliebt haben. Wie nehmen Sie dabei Freude wahr?
- Versetzen Sie sich in die Rolle des Kindes. Wie haben Sie Ihre Freude ausgedrückt? Waren Menschen da, denen Sie die Freude gezeigt haben? Oder waren keine Menschen da? Was haben Sie dann mit Ihrer Freude gemacht?
- Gibt es eine Beziehung zwischen dieser Freudenerfahrung und Ihrem heutigen Leben und zu Ihrer Art heute, Freude zu erleben, auszudrücken oder nicht auszudrücken?

Beispiel einer „Freudenbiographie"

Die gekürzte Rekonstruktion einer Freudenbiographie, die ich als Beispiel anführen möchte, stammt von einer

36-jährigen Frau. Sie ist verheiratet, hat vier Kinder. Sie litt unter depressiven Verstimmungen mit ernsthaften suizidalen Impulsen und war deshalb verschiedentlich auch hospitalisiert.

Die Rekonstruktion ihrer Freudenbiographie wurde nach zwei Jahren Therapie aufgenommen, als sie sich wesentlich besser fühlte. Anlass dazu war ihr Erstaunen, als sie von meiner Vorlesung über Freude hörte, und sie sagt nachdenklich, sie selbst sei wohl nie ein freudiger Mensch gewesen und werde wohl auch nie ein freudiger Mensch werden, auch komme sie aus einer freudlosen Familie, und ihre eigene Familie erscheine ihr auch wieder freudlos.

Ich frage sie danach, ob man ihr nicht doch etwas in puncto Freude erzählt habe, zum Beispiel über sie als Baby. „Man erzählte mir, ich sei ein ausgesprochen freudiges Kind gewesen, ich sei jeweils fast aus dem Stubenwagen gefallen vor Freude, wenn sich jemand dem Wagen näherte. Aber das tun alle Babys", wiegelt sie ab, „das ist nichts Besonderes, das haben meine Kinder auch getan in einem gewissen Alter." Auf eine Rückfrage räumt sie dann doch ein, dass es Kinder gäbe, die ihre Freude mehr ausdrückten, andere weniger, dass sie also offenbar eines der Kinder gewesen war, die ihre Freude zunächst mit dem ganzen Körper ausdrücken können. Sie erzählt dann, wie sie sich jeweils auch selber gefreut habe, wenn ihre Kinder sie freudig begrüßt hätten – auf ihre Freude hätten die Kinder dann mit noch mehr Freude geantwortet. Sie spricht hier einen Freudenzirkel an: Drücken wir Freude über die Freude eines anderen Menschen aus, wird diese Freude in der Regel verstärkt, was wiederum auf den anderen Menschen zurückwirkt. Auch wird hier deutlich, dass bei Kindern immer dann Freude entsteht und verstärkt wird, wenn man sich an ihnen freut und die Freude auch zeigt.

Ich bitte sie, sich eine Bewegung vorzustellen, die ihr als Kind sehr gefallen hat. Sie erinnert sich an Weihnachten, als sie etwa viereinhalbjährig war. Sie erhielt als Geschenk ein Schaukelpferd. Das Schaukelpferd hatte eine ungeheuer große Mähne aus richtigem Pferdehaar. Sie klammerte sich fest an dieses Pferdehaar, schaute stolz in die Runde: „Ich bin die Größte. Ich auf diesem Pferd, mehr gibt es nicht mehr im Leben." Sie fühlt noch im Nacherleben, wie viel Freude, wie viel Stolz auch mit dieser Situation verbunden war. Die Geschwister, die auch aufs Pferd wollten, habe sie mit großem, lustvollem Gekreisch vertrieben. Sie sei in dieser Situation mit sich und mit der Welt ganz einverstanden gewesen, die Welt sei total in Ordnung gewesen – dieses Ereignis war für sie wie eine Oase des Glücks. Sie wollte dann gar nicht mehr vom Pferd heruntersteigen, erinnert sich auch daran, dass sie auch noch gesungen habe. Diese Erinnerung bringt ihr zum Bewusstsein, dass sie als Kind überhaupt oft gesungen hat, wenn sie sich gefreut hat.

Sie erinnert sich weiter daran, dass sie, etwas älter wohl, gern der Großmutter geholfen hat. Großmutter lobte sie, dann wurde sie noch eifriger. Half noch mehr, war freudig erregt und stolz, liebkoste die Großmutter auch zwischendurch noch. Über das Helfen und über das Schmusen hatte sich die Großmutter sehr gefreut, das Kind freute sich dabei jeweils noch mehr, wurde immer geschäftiger und vermeintlich hilfreicher vor lauter Freude.

Wie diese Situationen jeweils beendet wurden, weiß die Frau nicht zu erzählen. Ich frage nach dem Ende dieses Erlebnisses, weil solche Freudenzirkel bei Kindern nicht selten damit enden, dass ein Kind hinfällt usw. Sie erinnert sich nicht, sagt aber, sie kenne diese Situation ja auch aus ihrem Leben mit ihren eigenen Kindern. Von einem gewissen Augenblick an liebe sie diese Situation gar nicht mehr, die Kinder seien dann so überdreht. Was sie dann mit ihnen mache? Sie schicke sie das Zimmer aufräumen. Ihre Reaktion erstaunt sie jetzt beim Berichten, erschüttert sie.

Wie diese Freuden bei der Großmutter aufhörten, war nicht auszumachen. Hingegen wurde ihr sehr deutlich erlebbar, dass sie lange im Leben immer wieder versucht hatte, mit Menschen in solche Freudenzirkel hineinzugeraten: „Wann immer mir jemand eine Freude gemacht hat, dann habe ich versucht, ihm auch eine Freude zu machen, wenn möglich sogar noch eine größere. Das hat mir ein so gutes Selbstgefühl gegeben, dass ich dabei auch Freuden machte, die ich eigentlich gar nicht machen wollte."

Hier wird eine Problematik bei der Verstärkung des Freudenzirkels sichtbar: Aus einem narzisstischen Bedürfnis heraus können Dinge versprochen werden, die den anderen Freude machen, die man selbst aber gar nicht versprechen wollte, und plötzlich ist man verstrickt in Verpflichtungen, die man gar nicht eingehen wollte – ein Grundthema bei Menschen, die depressiv strukturiert sind.

Eine weitere Freudenerinnerung geht etwa ins 8. Lebensjahr zurück: Die Analysandin ging nicht gerne in die Schule. Sie beschrieb sich als stilles Kind, das viel gespielt habe. Sie spielte „Familie“ mit ihren Puppen. Beim Spielen habe sie eine ruhige Freude erlebt, eine hingebungsvolle Freude. In der Schule schon habe sie sich überlegt, was sie dann zu Hause wieder spielen wolle. Ein Mitglied ihrer Puppenfamilie musste zum Beispiel immer eine Außenbeziehung haben, weil ihr Vater eine Außenbeziehung hatte. In der Schule habe sie gern gesungen, das habe sie auch gut gekonnt. Sie habe gern freudige Lieder gesungen, ja, so richtig herausgeschrien. Das sei schön gewesen, dieses laute Singen, das auch ein wenig falsch war: „Da fühlte ich mich ganz lebendig“ – und jetzt noch, in der Erinnerung, geht ein Leuchten über ihr Gesicht.

Dann wurde das Leben freudloser: „In der Schule musste man aufpassen, wir hatten einen anderen Lehrer, bei dem man schön singen musste, schön und locker.“ Auf die Frage, wie es zum Lehrerwechsel gekommen sei, erzählt sie, sie sei in eine mehr städtische Gegend umgezogen, der Vater habe eine neue Arbeit bekommen. Sie habe den neuen Lehrer bekommen, bei dem man schön singen musste, und die Großmutter war auch nicht mehr in der Nähe. Die Mutter wurde dann bald depressiv und war mehr als ein halbes Jahr in der Klinik, ihre älteste Schwester führte verbissen den Haushalt. „Da gab es dann gar nichts mehr zu lachen.“ Als wir zu Beginn unserer Behandlung die Anamnese aufgenommen hatten, da hieß es im gleichen Zusammenhang noch so: „Wir sind dann in eine interessantere Wohngegend umgezogen, ich hatte neue Kameradinnen, meine Mutter wurde bald krank."

Die Freudenbiographie zeigt die emotionale Situation des Mädchens sehr viel deutlicher als die Anamnese. Das Verschwinden der Freude in der Biographie ist mit Stresssituationen verbunden: der Umzug, der Verlust der Großmutter, der Verlust eines Lebensgefühls, das sich in lautem Singen ausgedrückt hat, der Verlust der Mutter für eine gewisse Zeit – eine Menge Stressoren war da zusammengekommen; sie hätte eigentlich Grund gehabt, krank zu werden; das wurde sie aber nicht – sie wurde „nur" freudlos.

Es zeigte sich dann, dass in der Folge noch mehr kleine, stille Freuden von ihr erinnert wurden. Mit 16 Jahren hatte sie erstmals einen Freund; da erlebte sie aber gedämpfte Freude, weil sie es niemandem erzählen durfte und weil sie auch Schuldgefühle hatte: Alle waren dagegen, dass sie schon einen Freund hatte, da doch ihre älteste Schwester noch keinen hatte.

Oft liegen zwei verschiedene Emotionen miteinander im Streit, zum Beispiel Angst und Freude; andererseits können auch zwei, drei Emotionen einander verstärken, zum Beispiel Interesse, Freude, Hoffnung. Das 16-jährige Mädchen hatte wohl eine etwas ängstliche Freude über diese erste Freundschaft gehabt. Gerade bei dieser ängstlichen Freude wäre es wünschenswert gewesen, dass sie über ihre Freude hätte sprechen können, sich darüber hätte freuen können mit anderen zusammen. Dann hätte die Angst verschwinden können.

Wirkungen der Rekonstruktion der „Freudenbiographie"

Die Freudenbiographie bringt den Menschen in Kontakt mit sich selbst, und zwar mit dem Menschen, der auch freudig ist, der auch zur Freude fähig ist. In der Erinnerung wird die Freude wiederbelebt, und damit werden Situationen erneut lebendig, in denen wir mit uns und mit der Welt einverstanden waren, in denen wir bereit waren, uns zu öffnen, mit anderen zu teilen, in denen wir erlebt haben, dass Leben uns auch etwas geben kann, das über das Erwartete hinausgeht. In der Freude fühlen wir uns ganz, im Modus des Verbundenseins mit anderen Menschen, in einem Welterleben, das uns das Leben auch in seiner unerwarteten Fülle zeigt.

Dieser Analysandin eröffnete die Freudenbiographie einen neuen Zugang zu sich selbst, sie spürte sich mehr in ihren vitalen Seiten und sprach von einer neuen Geborgenheit in der Umgebung, für die sie jetzt Gefühle und Bilder habe. Sie konnte diese Freudenerinnerungen als Oasen des Selbstseins verstehen. Ihr wurde deutlich, dass sie nicht nur ein Opfer der Umstände und des Lebens gewesen war, sondern dass es immer auch gute Erfahrungen gab. Darüber hinaus war es wichtig, dass ihr bewusst wurde, wie man ihr die Freude verdorben hatte – und wie sie, im gleichen Stil, auch selber anderen die Freude verdarb oder zu verderben suchte. Da man Emotionen nur lebenslauforientiert studieren kann, ist es eine hilfreiche Methode, Freudenbiographien von verschiedenen Menschen in unterschiedlichen Lebenslagen zu vergleichen, um herauszufinden, was denn grundsätzlich die Freude ausmacht, wie sie weitergegeben und wie sie gehemmt wird.

Bei der Rekonstruktion der Freudenbiographie lernen wir etwas über unseren Ausdruck von Freude und darüber, wie die Art des Sich-Freuens sich im Laufe unseres Lebens verändert hat. Wir können uns dabei bewusst werden über das Verhalten, das wir an den Tag legten, um uns möglichst viel Freude zu sichern. Wenn wir unsere rekonstruierte Freudenbiographie dann ansehen, können wir spüren, was wir heute jeweils tun – und auf welche Weise –, um Freude zu optimieren: Wir verändern etwa unser Beziehungsverhalten so, dass mehr Freude ausgelöst wird, oder wir unternehmen gewisse Anstrengungen, weil diese Freude in uns auslösen, allenfalls sogar einen Zirkel des Sich-Freuens in Bewegung setzen. Wir finden selbstverständlich auch heraus, was die auslösenden Situationen für unsere besonderen Freuden waren und sind. Die sehr speziellen Auslöser für unsere Freude zu kennen, verweist uns auf die Möglichkeiten, wie wir uns in freudigere Stimmungen versetzen können. Weiß man beispielsweise von sich, dass man ziemlich bald aufgeht im Fotografieren, nimmt man nur eine Kamera in die Hand, dann kann man auch einmal die Kamera zur Hand nehmen, wenn das Leben gerade ziemlich öde erscheint. Es dauert dann ein bisschen länger, bis man sich ins Fotografieren verliert, aber man kann darauf vertrauen, dass dieses Fotografieren eine Aktivität ist, die einen freudiger stimmt als zuvor.

Wir können uns auch bewusst darüber werden, wie wir uns auch Freude jeweils erhalten können, und uns fragen, ob wir das auch wollen. Denken wir zum Beispiel an die Rekonstruktion der Freudenbiographie jener depressiven Frau zurück, die versucht, einem jeden Menschen Freude zu machen, damit sie sich dann selber auch wieder freuen kann – das ist ein ziemlich anstrengender Modus. Sinnvoller wäre es, dies nur bei den Menschen zu probieren, die auch wirklich Freude ausdrücken können, wenn ihnen eine Freude gemacht wird, die damit auch etwas zurückgeben. Solche Muster, mit denen wir Freude zu erhalten suchen, sind oft unbewusste Lebensmuster, die hinterfragt werden müssen.

Sodann finden wir bei der Rekonstruktion der Freudenbiographie heraus, auf welche Weise wir unsere Freude kontrollieren. Es gehört in unserer Zivilisation zum Erwachsenwerden, dass wir die Emotionen nicht einfach ungehindert und unzensiert in die Beziehung einbringen. Die Frage ist: Wie wurde die Emotionskontrolle in unserem Leben erreicht? Ist sie nicht zu stark? Ist sie nicht so, dass wir unsere Freude zu sehr dämpfen, weil wir ein Ideal der Emotionslosigkeit haben? Wer war das Vorbild dafür?

Wir stellen auch fest, dass es widerstreitende Emotionen gibt, die von selbst die Freude dämpfen, ohne dass wir etwas dazu tun müssen. Angst ist eine solche Emotion, Angst und Freude können miteinander streiten. Es ist nicht gesagt, dass die Angst in jedem Fall gewinnen muss. Schuldgefühle und Freude können miteinander streiten. Wenn wir die Freude nicht mit einem anderen Menschen teilen können – sei es, dass wir selber schon nicht mehr so offen sind, dass wir Freude auszudrücken wagen, sei es, dass uns andere Menschen abblocken –, so dämpft das unsere Freude. Das geschieht auch dann, wenn unsere Freude von außen entwertet wird.

Auch dass Sorgen und Schmerzen einen Einfluss auf die Fähigkeit zur Freude haben, lernt man aus den Freudenbiographien. Eigentümlicherweise aber erfährt man anderes, als man zuerst erwarten würde. Man könnte nämlich vermuten, dass viele Schmerzen und Sorgen es nicht zuließen, dass die Freude erlebbar wäre, aber es ist eher umgekehrt, gerade von Menschen, die unter vielen Schmerzen zu leiden haben, hört man immer wieder, dass sie sich in den Momenten, in denen der Schmerz nachlässt, also Leben auch besser wird, sich intensiver freuen können. Viele können sich sogar trotz der Schmerzen an etwas freuen. Wenn das Leben sehr bedroht ist, ist die Freude nicht einfach verschwunden, sondern einzelne Freudensituationen können dann ganz besonders deutlich wahrgenommen werden. Sie vergehen aber auch wieder, und die Schmerzen nehmen dann wieder überhand. Es ist nicht so, dass unsere Sorgen die Freude einfach zudeckten. Denken wir etwa an Kriegssituationen, so haben wir manchmal den Eindruck, als ob gerade angesichts all der Sorgen und Grausamkeiten auch eine Meisterschaft entwickelt wurde, den Augenblick zu genießen und sich darüber auch zu freuen. Sich freuen zu können, hat sehr viel mit dem Genießen des Augenblicks zu tun, mit einer Haltung, die nicht ständig danach fragt, wie es morgen wohl weitergeht, oder sich gar selber davon überzeugt, dass alles sowieso nur schlechter werden könne.

Ich finde es bemerkenswert, dass es auch in bedrohlichen Situationen möglich ist, die glücklichen Situationen des Lebens heraufzubeschwören, und dass dies eine Wirkung auf die Psyche hat. Die Rekonstruktion der Freudenbiographie macht es also möglich, dass wir uns wieder freuen. Es scheint so zu sein, dass wir bereiter sind zu leben, wenn wir uns wieder freuen können, und das hieße auch, dass wir dem Zerstörerischen mehr Widerstand entgegensetzen.

Eugen Drewermann

Von Liebe und Unsterblichkeit

Wirklich erwachsen wird ein Mensch gewiss erst, wenn er beginnt, mit dem Tod zu rechnen. Von diesem Zeitpunkt an ändert sich das Zeitgefühl. Die Begrenztheit des Daseins tritt unaufhaltsam drohend oder tröstlich in Erscheinung, und es ist die erhabenste Kunst und das sicherste Zeichen eines geglückten Lebens, das Altern anzunehmen als ein ruhiges Reifen und Hineinwachsen in Gott.

Doch man muss die Unbegrenztheit des Lebens glauben, um seine irdische Begrenztheit auch im Dahinschwinden der Jugend anzunehmen. Das Altern ist ja nicht nur ein langsames Sterben, ein Schwinden der Kräfte, es ist auch ein deutlicheres Sichtbarwerden der Seele im Körper. Spätestens von vierzig Jahren an ist ein Mensch für sein Aussehen selber verantwortlich – nicht in kosmetischem, sondern in geistigem Sinne; zunehmend schärfer prägt sich im Alter die Seele, das eigene Wesen, in den Zügen und Falten des Gesichtes, der Augen, des Mundes, der Hände, der ganzen Haltung aus. Fast gnadenlos graben sich jetzt Tugend und Laster, Güte und Bosheit, Adel und Dummheit, Straffheit und Faulheit ins Fleisch, als beanspruche die Seele nunmehr, den letzten Rest des Körpers aufzuzehren, ehe sie zu ihrem Schöpfer zurückkehrt. Jedoch: Wenn jedes Reifen nur geschieht vermöge der Liebe, so wollen wir hoffen, dass vor allem das Alter uns gegeben sei als eine

Zeit der zärtlichsten Erinnerung, des verständnisvollen Ausruhens beieinander und eines nicht endenden Gesprächs geschwisterlicher Freundschaft, die gemeinsam einmündet in Gott, um sich in ihm gemeinsam fortzusetzen.

Das ganze Geheimnis des Todes liegt darin, dass man sich mit ihm versöhnen kann, wenn man einen anderen Menschen an seiner Seite unendlich liebgewinnt. Nur in der Liebe erschließt sich die unendliche Schönheit und die absolute Notwendigkeit der Existenz eines bestimmten Menschen; nur in der Liebe taucht man gewissermaßen an den Anfang der Schöpfung zurück und vollzieht von innen her den Entschluss Gottes nach, der von Ewigkeit her wollte, dass es diesen einen besonderen Menschen gibt. Die ewig unbeantwortbare Frage aller Metaphysik „Warum ist etwas und nicht vielmehr nichts?" findet durch die Liebe ihre Beruhigung. Die Liebe weiß, dass es den anderen geben muss, macht vom Grund des Daseins her dankbar gegenüber Gott für das unermessliche Geschenk des Lebens. In der Liebe wird der andere zu einem Fenster, das die Welt hell macht und durchsichtig auf Gott hin, und umgekehrt wird seine Zuneigung zu einem Weg und einer Brücke, die von dieser Welt hinüberreichen in die Ewigkeit.

Für den Menschheitsglauben an die Unsterblichkeit des Einzelnen gibt es keine wichtigere Stütze als das Argument der Freundschaft und der Liebe – besteht die Liebe doch in nichts anderem als darin, die ganze Welt in ein magisch-poetisches Symbol zu vergeistigen, das an jedem Ort die Nähe des anderen symbolisch bezeichnet und in einer ewig zeitlosen Gegenwart heraufbeschwört. Die Erfahrung der alten Schamanenreligionen von der magischen Zwiesprache mit allen Dingen ist uns Heutigen wohl nur noch in den Erfahrungen der Liebe wirklich zugänglich.

In der Liebe beginnen im träumenden Schein des Mondes die Sterne zu leuchten wie die Augen der Geliebten, und die Nacht dehnt sich hin wie ein Gewand; für die Augen der Liebe schimmert das Heer der Sterne am Himmel wie ein Band aus Haar und Seide. Ebenso in der hellen Welt des Tages: Gurren die Tauben in der Birke am Haus nicht ganz so, als brächten sie Grüße von der Geliebten, und formt sich die Stirn jener Wolke am Himmel nicht ganz wie ein liebes Gesicht?

Wenn in der Liebe alles Gegenständliche sich wie notwendig zum Symbol verdichtet, wenn Raum und Zeit in ihr sich aufheben zu einer ständigen beseligenden Gegenwart der Geliebten – jede Zwiesprache ist nur wie das Versprechen einer unerreichbaren Erfüllung. Die Zeit bleibt stehen, während alles heranreift, rascher denn je – wie sollte es da nicht in der Liebe und kraft ihrer Beglaubigung auch im Absoluten gelten, dass Raum und Zeit insgesamt erste Träger, Erscheinungsbilder sind des Einzigartigen, Einmaligen und Kostbaren, das die Person des anderen in ihrem ganzen Sein und Werden ausmacht und umschließt? Die Liebe erkennt und erfühlt die geistige Gestalt des anderen, die nicht in Zeit und Raum, im Spiel der Zufälle begründbar und verstehbar ist.

Eben deshalb ist die Liebe durch den Tod nicht zu entmutigen. Wo die Sinne nichts anderes wahrnehmen können als das grausame Werk der Zerstörung des Schönsten, erkennen die Augen der Liebe das Hervortreten der eigentlichen, unverfälschten Gestalt, ein Hinübergehen in die Gegenwart der Ewigkeit. Ohne einen solchen Glauben an die Unsterblichkeit des Geliebten wäre die Liebe nichtig und der Tod allmächtig; aber die Verwandlung der Sinne, zu welcher die Liebe das ganze Leben erzieht, wird vom Tod eher bestätigt als widerlegt. Das Allerinnerlichste, die Sprache des Herzens, die Berührung der Seelen, ist in sich selbst Beweis, Verheißung und Erfüllung einer Seligkeit, die von Gott selber ist und nie vergeht.

Im Grunde geht es mithin um die Wiederentdeckung einer Wahrheit, die der libanesische Dichter und Philosoph Khalil Gibran mit den Worten ausgedrückt hat: „O Seele, begehrte ich nicht Unsterblichkeit, hätte ich nie das Lied erlernt, gesungen durch den Kosmos der Zeit. Ein Selbstmörder wäre ich gewesen, nichts wäre von mir geblieben als meine Asche, verborgen im Grab. O Seele, hätten mich nicht Tränen getauft und die Geister der Krankheit nicht meine Wimpern getuscht, so würde ich das Leben dunkel wie durch einen Schleier gesehen haben. O Seele, das Leben ist eine Düsternis, die endet wie im Sonnenglast des Tages. Die Sehnsucht meines Herzens sagt mir, es ist Frieden im Grab. O Seele, wenn ein Narr mir sagt, die Seele verdirbt wie der Körper, und das, was stirbt, kehrt nie wieder, so sage ihm, die Blume verdorrt, doch das Samenkorn bleibt und liegt vor uns wie das Geheimnis des immerwährenden Lebens."

Brigitte Romankiewicz

Hoffnung wagen

Was können wir tun, wenn uns die Hoffnung auf ein Leben in Freude abhandengekommen ist? Wenn uns das Dasein als eine Kette von Enttäuschungen erscheint und wir womöglich an einem Punkt sind, wo wir „nicht weiterwissen“, keinen Weg hinaus?

Keinen Ausweg, nicht weiterwissen – das ist Hoffnungslosigkeit, denn die Zuversicht, dass „es“ über die gegenwärtige Misere hinaus weitergeht, und sinnvoll weitergeht, ist der Kern aller Hoffnung. Hoffnung öffnet die Tore zur Zukunft, trägt über Schwellen, ermöglicht das Aufgehen des Neuen – doch wenn wir in Hoffnungslosigkeit gefangen sind, scheint uns die Welt verdunkelt, vernagelt und verhext. Dann sind wir blind für jeden Hoffnungsschimmer.

Wie sie nun wieder herzaubern, die Hoffnung?

Warum „haben“ sie die einen und den anderen zeigt sie scheinbar immer nur die kalte Schulter der Befürchtung und Resignation?

Seien wir kühn. Wagen wir einfach einmal die These, das Hoffen sei in jedem von uns und von jeher zumindest potenziell angelegt, sei uns von Anfang an mitgegeben als ein auch in Notzeiten vorhandener unsichtbarer Schatz, ein seelisches Vermögen, das uns – wie Herzschlag und Atem – als eine unbewusste Kraft meist still und unbemerkt von Tag zu Tag trägt. „*Dum spiro spero* – Solange ich atme, hoffe ich“, sagt ein altes

Sprichwort und weist darauf hin, dass schon die Weisen des Altertums das Hoffen als ein so elementares Lebenselixier wie das Atmen ansahen. Damit hätten wir schon eine kleine Erkenntnis: Die Hoffnung könnte so etwas sein wie der Atem der Seele.

Was könnte das heißen für den, der gerade in der Beklemmung der Hoffnungslosigkeit zu ersticken fürchtet? Heißt das etwa, dass er gewissermaßen „seelische Atemübungen" zu ihrer Wiederbelebung machen könnte? Schließlich heißt es sogar im Volksmund: „Die Hoffnung stirbt zuletzt." Also kann, solange wir physisch am Leben sind, auch unsere Hoffnung niemals mausetot sein. Ihr Herz klopft noch. Aber sie braucht dringend unser Interesse und unsere Zuwendung, unsere Hege und Pflege, um zu Kräften zu kommen. Und sie braucht Übung, als wäre sie eine leibliche Funktion.

Die Hoffnung ist der Motor all unseres Erfahrungs- und Wachstumsvermögens. Und jeder von uns trägt bereits einen großen Vorrat guter Erfahrungen von gelungenem Leben in sich, möge er ihn momentan auch verloren glauben. Hat nicht etwa jeder von uns Laufen gelernt und dabei die Hoffnung nicht aufgegeben?

Was aber ist es, das uns bisweilen hindert, uns von Hoffnung motivieren zu lassen? Die es doch geben muss, denn woher nähmen wir sonst die Kraft, von Tag zu Tag zu gelangen? In jedem Leben gibt es Hoffnungskrisen. Die Frage ist nur, wie wir ihnen begegnen.

Wenn nach einer langen Krankheit die körperliche Gehfähigkeit gelitten hat, ist uns klar, was wir zu tun haben: Wir brauchen Zeit und Raum, um unsere Muskeln und unsere Beweglichkeit zu üben. Wir werden uns bewusst, dass die Fähigkeit, uns körperlich fortzubewegen, in hohem Maße eine Fertigkeit und das Resultat eines Übungsprozesses ist. Könnte es also sein, dass wir auch zur Übung und Entfaltung unseres seelischen Vermögens Zeit aufwenden müssten, uns Raum nehmen, Übungen ersinnen, die die Hoffnung tragfähig und beweglich machen? Dass Hoffnungslosigkeit kein unabwendbares Schicksal ist? Dass das Abenteuer, das wir Leben nennen, sich im Visier einer gut geübten Hoffnung so reichhaltig und vielfältig zeigt, dass wir es gar nicht ausschöpfen können?

Aufbruch ins Unbekannte

Wie oft sagen wir, wenn uns etwas gelingt, das wir vielleicht insgeheim ersehnt haben, aber unserem Leben nicht zugetraut hätten: „Das habe ich nicht zu hoffen gewagt!" Wie oft sind wir „kleingläubig" (Mt 8,26), wagen nicht zu hoffen, dass sich etwas erfüllt, das nach den engen Regeln der Wahrscheinlichkeit nicht selbstverständlich zu erwarten ist! Gewiss, es kann manchmal nötig sein, sich vor überzogenen Hoffnungen zu hüten – aber halten wir nicht allzu oft aus Übervorsicht und Misstrauen unnötig unsere Hoffnung klein? Nehmen wir ihr damit nicht den Atem, die Entfaltungsmöglichkeit, mauern wir sie nicht ein, wenn wir ihr nicht zutrauen, uns unverhofft neue Möglichkeiten zu erschließen? Hoffnung wagen heißt, etwas riskieren, dessen Ausgang ungewiss ist.[7] Hoffnung ist immer ein Wagnis, weil sie gerichtet ist auf etwas noch nicht Sicht-

Abb. 1: Hoffnung mit Zepter und geblähtem Segel

bares, Zukünftiges, etwas, das erst im Kommen ist. Um in dessen Einflussbereich zu gelangen, müssen wir das bekannte Misstrauens-Ufer verlassen und aufbrechen in eine ungewisse Offenheit, wie diese kämpferische *Spes* (Abb. 1) mit dem geblähten Segel und dem herrschaftlichen Szepter in der Hand. Doch Wagen heißt unbequemerweise auch, sich der Herausforderung durch Schwierigkeiten, ja sogar einem möglichen Scheitern auszusetzen. Aber wenn wir unserem Werden nicht im Weg stehen wollen, darf dieses Wagnis nicht unterlassen werden. *Hoffnung heißt, sein Glück versuchen.*[8] Immer wieder ist ein gewagter Schritt nötig, ein handelnder, vertrauender, hinausführender Schritt auf das Kommende zu. Hoffnung muss nicht nur geweckt, gehegt und genährt werden, sondern als „Leidenschaft für das Mögliche" anschließend auch gewagt, in eine Leidenschaft zur *Verwirklichung* des Möglichen hinausgeführt, in eine Haltung der Begeisterung, eine wagemutige Bereitschaft und Intention, auf deren Flügeln der Aufbruch ins Unbekannte und Unwahrscheinliche riskiert werden und mit deren Kraft unser Leben über den Moment hinauswachsen kann in einen neuen „Ring des Daseins" hinein.[9]

Unzählige Märchen und Sagen berichten von solchen gewagten Aufbrüchen ins Unbekannte, von kleinen und großen Helden, die ganz auf ihre Hoffnung gestellt waren und alle Arten von Gefahren bestehen mussten. Einer dieser Helden ist der junge Bellerophon (Abb. 2, siehe S. 41), der im Altertum vor allem in Korinth und Lykien verehrt wurde.[10] Wie seine Märchen- und Sagenheldenkollegen hatte er ein drachenartiges

Ungeheuer zu besiegen: die Chimaira. Nach Vergil hauste sie am Eingang der Unterwelt.[11] Ihr Aussehen wird als wilde Mischung aus mehreren Tiergestalten (Löwe, Ziege, Schlange) beschrieben: ein Inbegriff fabelhaften Schreckens, schnellfüßig, nicht zu fassen, mit sengendem Atem das Land verwüstend.[12] Psychologisch gesehen, ist sie ein gespenstisches Bild eines diffusen, unartikulierten Zerstörungspotenzials, welches in das bewusste Leben hineinwirkt. Als „Schimäre" bezeichnet der Sprachgebrauch ein irreführendes Hirngespinst, eine tückische, gespensterhafte Verblendung, die noch dazu ständig ihre Erscheinungsform wechselt. Man kann sie als Verdichtung wechselnder und wuchernder Befürchtungsphantasien sehen, die aus unbewussten traumatischen Erfahrungen, manchmal aber auch aus nicht gewagten eigenen Gestaltungsmöglichkeiten entstehen können. Die nicht produktiv eingesetzte Aggression kann zu solch grässlicher Gegnerschaft angewachsen sein, dass es wirklich ein Wagnis ist, darüber hinaus zu hoffen und zu wagen. „Immer wieder sprangen grauenhafte Vorstellungen wie Ungeheuer meine Seele an"[13], schreibt der Psychiater Pieter Kuiper über seine Begegnung mit seiner persönlichen Chimaira, die ihn selbst dann noch verfolgte, als er den schlimmsten Weg durch die Hölle seiner Depression schon hinter sich hatte. Immer neu musste sie überwunden werden, lauerte an der Pforte seiner Seele. Doch aus seiner Bereitschaft, Hoffnung zu wagen, war inzwischen ein starker magischer Helfer hervorgegangen, eine inspirierende innere Stimme: „Etwas tun", riet sie ihm. „Malen!" Und tatsächlich gelang es ihm, dadurch aus dem Bannkreis der Chimaira herauszukommen.

Wer wagt, gewinnt

Wir sehen einen magischen Helfer des kreativen Wagnisses samt seinem hoffnungsgeladenen Reiter Bellerophon auf einer im wahrsten Sinn des Worts beflügelnden Vasenmalerei im Nationalmuseum von Athen (Abb. 2).

Abb. 2: Bellerophon auf Pegasus

Eine große Energie und Entschlossenheit geht von der Figur aus, aber auch eine spielerische, konzentrierte Heiterkeit, ähnlich der Spielfreude eines Ritters, der in ein Turnier reitet und seine besten Kräfte in sich versammelt weiß. Kein Wunder bei diesem Ritter, reitet er doch auf dem göttlichen Pegasus, dem Ross des Zeus, der Morgenröte und der beflügelnden Musen,[14] der großen Symbolträger der Hoffnung von alters her. Die Göttin der Weisheit und Künste selbst, Athene, hat Bellerophon das Zaumzeug verschafft, mit dessen Hilfe das Dichterpferd, dessen ungestümer Hufschlag einst die den Musen geweihte Quelle Hippokrene hervorgebracht hatte, lenkbar wurde.[15] Denn es braucht Klugheit und klare Vorstellungen zur Lenkung der Phantasie, wenn man dem Sog der Schimären widerstehen will und ungefährdet über die Uferlosigkeit des Meeres des Unbewussten hinwegkommen will. Nicht nur Wagemut, auch entschlossene Führung der kreativen Kräfte ist nötig, denn sie vermögen sowohl Ungeheuer als auch hoffnungsvolle Zielvorstellungen hervorzubringen. Das wiederum erfordert eine sattelfeste Verbindung in der Wesensmitte. Wir dürfen ihre emotionale Triebkraft (Pferd) nicht verlieren, doch gleichzeitig müssen wir uns in Gedanken über sie erheben (Flügel), sie auf ein übergeordnetes Ziel richten. Das Flügelpferd ist die Bild gewordene Gestalt dieser hinausführenden Allianz schöpferisch-gefühlshafter und erkennender Hoffnungskräfte. Man muss wagen, sich mit ihnen auf Gedeih und Verderb und gegen alle gewohnheitsmäßige Befürchtungsverhaftung zu verbinden, muss wagen, sich auf die Tragekraft der Hoffnung zu verlassen, und eins werden damit, so, wie auf dieser Konzentration und Heiterkeit zugleich ausstrahlenden antiken Malerei Ross und Reiter eins sind. Dann stellt sich die schöpferische Phantasie in den Dienst dessen, der wagt. Bellerophon geht der Chimaira nicht aus dem Weg, er sucht keine Vermeidungsstrategie. Er riskiert die Begegnung, er exponiert sich. Wie Angsttherapeuten wissen, ist dieses Exponieren die Grundvoraussetzung für die Überwindung von Ängsten. Sich über die eingefleischte Gefühls- und Gedankenspur hinwegsetzen, das automatisierte Angst-Verhaltensmuster unterbrechen und, beflügelt durch die Hoffnung auf mögliche Beendigung eines unerträglichen alten Zustands, gegenüber den niederziehenden schimärischen Versuchungen neuen Schwung gewinnen.

In der Sicht neuropsychologischer Vorgänge handelt es sich darum, eine Angstfixierung durch eine von positiver Erregung initiierte und getragene neue Bahnung zu überwinden. Dazu gehört sowohl das Wagnis, sich einer angstauslösenden Situation auszusetzen, als auch beim Hindurchgehen das Gewinnen eines Gefühls von Selbstkontrolle und Selbstbestimmtheit.[16] Letztere aber werden wesentlich vom Wagnis zu *handeln* gestützt.

Etwas kann man immer tun

Auch wenn wir uns im alltäglichen zähen Ringen um Hoffnung bei unseren unzähligen kleinen Wagnissen nicht immer von geflügelten Pferden getragen fühlen mögen, bestätigt die Praxis immer wieder den Wert *kon-*

kreten Handelns: „Aktivitäten geben Impulse zu anderen Aktivitäten, und so verstärkt sich alles selbst"[17], ist die selbst erfahrene Einsicht Pieter Kuipers, die sich durchaus verallgemeinern lässt. Selbst wenn das Gefühl, die Chimaira in ihre Schranken verwiesen zu haben,[18] nicht dauerhaft anhält, ist der Gewinn eines jeden Handlungsentschlusses und seiner Ausführung doch beträchtlich: Er bewirkt die Erfahrung von Entscheidungsfreiheit, Selbstwirksamkeit und Handlungsspielraum.

Hoffnung wagen heißt oft einfach, „etwas" tun. Wie man an Piet Kuiper sieht, muss das kein besonders waghalsiges Tun sein. Es kommt auch nicht unbedingt auf einen besonders starken Willen dabei an, nicht immer auf eine besonders hohe Intensität oder einen besonders großen Schritt. Viel eher ist es wieder der Entschluss, irgendeinen kleinen Schritt zu tun, seine Phantasie, seinen „geschickten Willen" wenigstens ein kleines bisschen spielen zu lassen und damit zu experimentieren, wie weit man mit kleinen Schritten der Schimäre Befürchtung oder Depression ein winziges Stück Boden entziehen kann. *Interesse wagen* für etwas vielleicht ganz Unscheinbares: ein Blick aus dem Fenster auf die eben von einem Platzregen niedergebeugten Goldruten, die sich ganz von selbst wieder erheben. Staunen über das scheinbar Selbstverständliche. Oder: Bewegung wagen. Eine körperlich erstarrte Haltung verlassen. Aufstehen, ans Fenster treten, es trotz des Lärms draußen, der uns vielleicht bedrohlich erscheint, öffnen und ein paar Atemzüge tun. Die Arme ausbreiten, sich strecken und dehnen, Weite spüren. Einen Schluck Wasser trinken, spüren, wie süß es schmeckt, einen aufgeschobenen Anruf wagen. Vielleicht nur einmal die Telefonnummer heraussuchen. Einfach irgendetwas tun oder beobachten. *Das Nächstliegende.* Jedes Interesse erzeugt Interesse, jede noch so kleine Handlung stärkt weitergehende Handlungsbereitschaft und ist ein Gewinn. „Etwas" tun ist meist besser als nichts, stärkt das Gefühl, etwas bewirken zu können. Hoffnung ist eine Spannkraft, die sich ausstrecken, ausdehnen will, und wie ein Muskel wird sie gestärkt, wenn man sie bewegt und erprobt.

Experimentieren statt Perfektionismus

In diesen Spielraum des „Etwas" gehört auch das belebende Experimentieren mit dem „Als-ob".[19] Das Als-ob operiert im Raum der Möglichkeit und Wandlungsfähigkeit. Wenn Zukunft offen ist, haben wir die Wahl, unsere Phantasie spielen zu lassen, wie es sein könnte, wenn wir das Ziel unserer Hoffnung erreichten. Wie wir uns fühlen würden, wenn die Schwierigkeit, in der wir augenblicklich stecken, bereits gemeistert wäre. Einfach so tun, *als ob* wir bereits am Ziel unserer Wünsche wären, angekommen in der Zukunft. „Was nicht ist, kann noch werden", ist das Motto der Hoffnung.

Doch gegen solche spielerische Offenheit konstelliert sich meist auch schnell einer der schlimmsten Feinde unserer Hoffnung: die Schimäre des Perfektionismus. Dieser nämlich redet uns ein, alles positiv vorgreifende Als-ob sei eine gefährliche Frivolität und wir dürften erst mit uns zufrieden sein und zu neuen Ufern aufbrechen, wenn zuvor „alles" in Ordnung gebracht sei: erst die (perfekte) Arbeit, dann das Zukunftsspiel. Perfektionismus verweigert uns die Erlaubnis, uns weiterzubewegen. Er mündet in ein geschlossenes, zwanghaftes System, das jede Hoffnung auf hoffnungsvolles Wagendürfen im Keim erstickt. Perfektionismus ist die Schimäre, die mit ihrem sengenden Atem jeden Spielraum, in dem ein hoffnungsvoller Zukunftsentwurf aufblühen könnte, sofort wieder in Wüste, in verbrannte Erde verwandelt. Perfektionismus sucht in allen Früchten unseres Lebens den Wurm und gibt dabei vor, es sei zu unserem Besten, um uns vor zukünftigen Übeln zu bewahren. Doch er befasst sich nie mit unserem Besten, sondern immer nur mit dem Schlechtesten in uns und bindet alle Gedanken und Gefühle in der Vergangenheit, indem er das Getane kritisiert und uns in Idealbilder des Fertigen, ja des Vorgefertigten einpassen will. Oder er entwirft schimärische Vor-Bilder unerreichbarer Vollkommenheit, in deren Spiegel wir uns nur als Versager fühlen können.

Der Schweizer Dichter Friedrich Dürrenmatt muss mit dieser Perfektionismusschimäre einschlägige Erfahrung gehabt haben. Seinem Gedicht *Ergreife die Feder müde* bin ich schon vor einem Vierteljahrhundert begegnet, und es ist mir in der langen Zeit meines Schreibens zu einem kraftvollen Leitmotiv geworden – für mein ganzes Leben. Bereits der Titel befreit. Aber schon bald begegnen wir Sätzen, die jedes Perfektionsstreben hinwegfegen können:

Das Mögliche ist ungeheuer. Die Sucht
nach Perfektion zerstört das meiste. Was bleibt
sind Splitter
an denen sinnlos gefeilt wurde. [...]

Aber Dürrenmatt geht noch weiter:

Alles lässt sich besser schreiben
Darum lass die schlechtere Fassung stehn.

Was für eine Ermutigung! Denn heißt das für uns nicht auch: Alles lässt sich besser *machen* – darum entscheide dich für das, was du gerade entschieden, gemacht hast?

Dürrenmatt wusste um die Ungeheuer, die in den Abgründen des Möglichen lauern und allem, was im Werden begriffen ist, mit Befürchtungen des Nicht-Gelingens leicht den Garaus machen können. Darum rät er ein paar Zeilen später:

Erstarrt nicht, korrigiert nicht.
Wagt!

Darum geht es: das Unperfekte zu wagen. Gerade das Unfertige, als zerrissen und mangelhaft Empfundene gehört ja zur stärksten Triebkraft der Hoffnung!

Es gehört zu ihrem tiefsten Wesen, dass sie eben das „Noch nicht" zur produktiven Voraussetzung hat. Gerade *weil* ein Zustand nicht perfekt ist, dürfen wir Hoffnung haben, dass etwas werden kann, gerade *weil* wir nicht schon „fertig" sind, ist Raum für das Schöpferische, für das Unwahrscheinliche, Noch-nicht-Dagewesene. Gerade *weil* der Augenblick noch nicht „alles" ist, besteht Spiel-Raum für die Phantasie, für die Vision des Anderen, das die engen Grenzen der bewussten Konstrukte überschreitet. Denn die andere Seite der Hoffnung treibenden Kräfte ist das intuitive Wissen um ein mögliches Überwachsen des Unzulänglichen auf eine größere Ganzheit hin, ist die Vorwegnahme des erfreulichen möglichen Zukünftigen, die Phantasie des Als-ob, die Vision, wie sich die Situation anfühlen wird, wenn wir (vielleicht) dort angekommen sind, wohin unsere Imaginationskräfte, unser Pegasus, uns noch führen werden.

Kinder sind Meister im Spiel des Als-ob. Es macht ihnen keine Schwierigkeit, einen mit Lumpen umwickelten Kochlöffel zu einer Prinzessin im schleppenden Prachtgewand zu inszenieren und zu tun, als ob der Märchenprinz sie gerade aus den Klauen des Drachen befreit. Einst werden sie selbst eine solche Prinzessin sein, nein, sie *sind* es schon jetzt. Oder sie sind der Held, der die Prinzessin hinausführt aus dem Elend, sind Batman und Spider-Man, oder, bürgerlicher: Pilot und Kapitän. Kinder haben in ihren Spielen Bilder vor sich mit der Funktion des „An-rufs" oder „Be-rufs", nicht immer ganz realitätsgerecht, aber beflügelnd, die Lebenskräfte stärkend für das Wagnis, das sie in die Projektion eines gelingenden Lebens hineinführen kann. Eine Projektion oder Antizipation, die sie hinträgt aus ihrer Position kindlicher Ohnmacht in das Erwachsenwerden, in das Er-wachsen umfassenderer Persönlichkeitskräfte. Und diese Fähigkeit zur Antizipation eines reiferen „Als-ob" ist es auch, die den Erwachsenen weiterträgt: Die Vorstellung, nur immer das ausdrücken zu dürfen, was man als „Authentizität" in einer innerlich und äußerlich prekären Situation in sich fühlt, etwa in einer Phase innerer Zerrissenheit vor dem inneren Richterstuhl nur in Sack und Asche erscheinen zu dürfen, kann einem schimärisch-perfektionistischen Redlichkeitszwang entspringen. Doch wohin gelangen wir, wenn wir in (Selbst-)Anklagen steckenbleiben? Gehen wir damit nicht dem Wagnis von Hoffnung aus dem Weg?

Hoffnung wagen heißt, in einer Welt, in der wir nie wissen können, was „richtig" oder „falsch" ist, in unserer habituellen existenziellen Unvollkommenheit nicht erst zu leben, wenn wir wissen, wie es „richtig geht". Es heißt, die falsche Sicherheit von perfektionistischen Lebensplänen und schulmeisterlichen ideologischen Programmen aufzugeben und die schöpferische Kraft des Spiels, der Inspiration, des „Als-ob" zu wagen. Im „Als-ob" vertrauen wir uns einem überpersönlichen Wissen um unsere Möglichkeiten an.

Das Lächeln des Bellerophon sieht sich schon im Aufbruch in das lebensgefährliche Wagnis als zukünftiger Überwinder der Chimaira, „als ob" er die große Aufgabe schon gemeistert hätte. Er vertraut der Führung der Athene, die seine überpersönliche innere Weisheit symbolisiert. Seine Zukunftsvision, seine innige Verbindung mit seiner Intuition, seiner Phantasie ist seine Potenz und lässt ihn völlig unangestrengt zwischen den Flügeln des Pegasus sitzen. Er braucht keine Steigbügel und keine Sporen. Er bewegt sich, getragen von seinem spielerischen Vorgriff auf das, was sein wird und sein kann, auf das Gelingen, auf den *kairós* zu, in dem sich seine Ganzheit für einen Augenblick erfüllen wird. Und dann geht das Spiel weiter, gilt es, neue Hoffnung zu wagen.

INGRID RIEDEL

Von Angst, Mut und Gelassenheit

Mut zur Angst

Angst hat eine sehr wichtige Warnfunktion im Dienste des Lebens und des Überlebens. Sie zeigt uns auch an, wo Werte, die wir verteidigen wollen, z.B. Frieden und Gerechtigkeit, durch kontraphobisches Verhalten gerade in Gefahr kommen, durch ein Verhalten, bei dem nach vorne geprescht wird, als ob es Angst und Gefahr nicht gäbe, und bei dem unbewusste Angst durch Tollkühnheit überspielt wird. Sehr wichtig erscheint mir, durch Kontakt zu den eigenen Gefühlen kontraphobisches Verhalten zu vermeiden. So gilt es z.B., das innere Warnsignal Angst ernst zu nehmen und anzunehmen, gerade wenn man ein eher mutiger Mensch ist als ein feiger. Mut zur Angst zu haben, das hieße: „Augen auf und durch" – im Gegensatz zu der üblichen Auffassung, es gehe darum, die Augen zuzumachen, um durchzukommen.

Bewusst durch die Angst hindurchzugehen, darauf kommt es auch im Umgang mit den Krisen an, die eine sich globalisierende Welt mit allen damit verbundenen Konflikten mit sich bringt. Die Angst zu benennen verhindert, dass sie uns als etwas Unheimliches in den Rücken fällt, und gibt ihr ein Gesicht. So kann sie ihre warnende Funktion erfüllen und unsere Ressourcen zur Bewältigung der Situation freisetzen. Es kommt darauf an, so miteinander zu reden, dass die Gefahr nicht verschleiert, aber auch nicht über ihre wirkliche Größe hinaus aufgebläht wird, so miteinander zu reden, dass man sich im gemeinsamen Hindurchgehen gegenseitig der Solidarität versichert und sie einander auch gibt.

Im personalen Bereich sind solche Zeiten höchster Angst die Phasen persönlicher Katastrophen: das Scheitern einer wichtigen Lebensbeziehung, ein beruflicher Konfliktfall, der zur Entlassung führt, ein Teamkonflikt, in dem alle Vermittlungsversuche scheitern. Jeder Mensch hat mit gutem Grund Abwehrmechanismen und Abwehrstrategien gegen die Angst aufgebaut. Insbesondere haben wir auch eine gewisse Tendenz, Angst durch Rationalisierung abzuspalten, die uns oft über die kritischsten Momente hinwegrettet und vor allem Zeit gewinnen lässt, damit wir von der Angst nicht überwältigt werden.

Die Ratio einzusetzen, ist zunächst immer wieder sinnvoll. Aber dauerhaft verdrängte Angst wirkt sich ungünstig aus, z.B. in dem schon genannten kontraphobischen Verhalten, bei dem alle Warnungen in den Wind geschlagen werden und nach vorne geprescht wird, um nur die eigene Angst nicht zu spüren. Wichtig wäre stattdessen, Angst zuzulassen, da sie uns auch mit unseren Gefühlen in Kontakt bringt, die wir zur Krisenbewältigung nach innen und nach außen brauchen. Und sie verdeutlicht uns die Werte, an denen wir wirklich hängen, für die wir letztlich eintreten. Angst kommt ja da auf, wo wichtige Lebenswerte in Gefahr geraten. Angst hat eine Warnfunktion, die uns aufruft, das Bedrohte zu verteidigen.

Es gilt, kreativ zu werden, neue Kompetenzen zu entwickeln. Wenn sich aber der bedrohte Wert nicht mehr verteidigen lässt, dann gilt es auch eine bestimmte Aktion oder Vorgehensweise loszulassen, um sich vielleicht auf einen nächsthöheren Wert zu besinnen. Ein indianisches Sprichwort lautet: „Wenn dein Pferd tot ist, steig ab." Im Zweiten Weltkrieg war es z.B. mehr wert, in einer provisorischen, aber bombengeschützten Umgebung zu sein, als auf jeden Fall im gefährdeten eigenen Haus zu verbleiben, das ja das Einzige war, das die Familie in einer bombenbedrohten Stadt noch festhielt. Deshalb sagte meine Mutter, als das Haus schließlich in Trümmern vor uns lag: „*Die* Sorge wären wir los."

„Flüchten oder standhalten?", das fragte der große Friedensforscher und Friedensaktivist Horst-Eberhard Richter in seinem gleichnamigen Buch.[20] Manchmal gilt es auch zu weichen bzw. von einem bestimmten Standpunkt, einer bestimmten Aktionsweise oder Vorstellung abzulassen und sie loszulassen, wenn sie sich als dysfunktional erweisen. Eine andere Möglichkeit wäre, der Angst immer wieder – soweit das irgend geht – das Prinzip Hoffnung entgegenzuhalten, die oft gerade der zugelassenen Angst entspringen kann, einer „kundigen Unzufriedenheit"[21] (Ernst Bloch), die uns anruft, uns jeweils ganz bewusst auf das Bessere hin zu entwerfen. Vielleicht gilt doch auch im Großen das Polaritätsprinzip des Lebens, das in der Psychologie des Unbewussten von C. G. Jung eine so große Rolle spielt: dass nämlich extreme Bewusstseinslagen und Verhältnisse auch polare Kräfte, Gegenkräfte auf den Plan rufen müssen. Sind solche Gegenkräfte nicht auch unter uns längst auf dem Plan? Können wir sie aber auch schon im Anfänglichen ernst nehmen, wenn sich nur erste Keime zeigen? Darauf käme es an.

Es gibt ja so manche, die bei näherem Zusehen doch ins Scheitern verliebter sind als in das Hoffen,[22] die jedenfalls dem Scheitern die größere Chance einräumen als dem Gelingen. Das ist nicht günstig. Es gilt vielmehr, geduldig das Hoffen zu erlernen, nicht bei dem stehen zu bleiben, was jetzt noch nicht, sondern was ab jetzt schon oder spätestens morgen gehen kann.

Was nottut, ist, dass wir uns unseren Ängsten stellen. Dabei geht es auch um die Angst, hinter der die Liebe steht: die Angst, die uns bewusst macht, was wir lieben am Leben. Es geht darum, der Angst eine gewisse Form von Gelassenheit entgegenzustellen. Eine solche Hoffnung hält zwar das Schlimmste für möglich, vertraut aber dennoch auf mögliche Lösungen, die zum Besten führen (Ernst Bloch). Gelassenheit beruht auf einem tiefen Vertrauen ins Leben. Vertrauen ins Leben aber ist letztlich eine religiöse Kategorie.

Gelassenheit als Ressource[23]

Bisher habe ich Angst und Mut einander gegenübergestellt – Angst als Gegensatz zum Mut. Wie steht es nun aber mit der Gelassenheit? Sind nicht Mut und Gelassenheit Gegensätze, und brauchen wir nicht Wut auf all das schreiende Unrecht in der Welt und Empörung darüber, um überhaupt den Mut aufzubringen, uns all dem entgegenzustellen? Wie kann man Mut und Gelassenheit zusammenbringen?

> „Ich habe ertragen, was ein Mensch ertragen kann,
> fahr hin, lammherzige Gelassenheit!
> Zum Himmel fahre, leidende Geduld!"[24]

So Schillers Maria Stuart zur Gelassenheit. Doch die Gelassenheit, die ich meine, ist alles andere als lammherzig. Vielmehr hat sie mit der „unerschrockenen Gelassenheit"[25] zu tun, von der Kant spricht: Gelassenheit als Unerschrockenheit – das hat einen ganz anderen Klang! Eben nicht wer die Augen aus Angst vor der Berührbarkeit, vor Schmerz und Erschütterung verschließt, wäre gelassen, sondern wer – sich tief aufs Leben einlassend – durch Erfahrungen wie Schmerz und Erschütterung hindurchgeht, der oder die erlernte Gelassenheit, wäre innerlich reifer geworden, stärker, freier und dabei vielleicht auch geduldiger, offener, vielleicht sogar heiterer. Das Wort „gelassen" hat kein Geringerer als Meister Eckhart[26] in die deutsche Sprache eingeführt: Gelassenheit heißt, sich lassen können – das kleine Ich mit seiner Angst lassen zu können –, um sich Größerem zu überlassen.

Machen wir einen Sprung in eine Zeit, die uns nähersteht als Meister Eckharts Zeit: „Gelassenheit sei eine anmutige Form des Selbstbewusstseins" – so sieht und so sagt es die Schriftstellerin Marie von Ebner-

Eschenbach. Eine Form des Selbstbewusstseins also wäre die Gelassenheit demnach auch, eine anmutige dazu. Ein überraschender Gedanke? Recht bedacht, kann er nur einleuchten, denn um angesichts all der Konflikte, der Aufregungen und Herausforderungen, die das Leben uns allen immer wieder zumutet, gelassen zu sein und bleiben zu können, dazu bräuchte es schon einen guten Stand. Eine gute Verwurzelung in sich selbst bräuchte es, Selbstbewusstsein als ein Wissen um sich, vielleicht sogar eine Ahnung seines wahren Selbst. Wann immer es uns gelingt, uns auf die Probleme anderer Leute einzulassen und uns zugleich so stark von ihnen zu unterscheiden, dass wir uns nicht ununterschieden mit ihnen verwickeln, kommt doch ein Hauch von innerer Freiheit auf. Kommt es doch darauf an, sich nicht blindlings in die Probleme anderer zu verwickeln, sondern sie jeweils bei denen zu lassen, die sie vor allem haben. Kommt es doch darauf an, sich nicht dadurch verletzen, verunsichern oder gar entwerten zu lassen, dass andere aus ihrer Problematik heraus agieren.

Mühsam bleibt es gewiss, sich jeweils davon zu unterscheiden und die Gefühlsstürme, auch wenn sie von anderen ausgelöst werden, emotional aufzufangen. Aber muss ich mich denn wirklich verletzt fühlen, entwertet gar, muss ich automatisch zurückschlagen, wenn andere sich aggressiv äußern und gebärden? Ich kann dies zurückweisen, ich kann es aber auch stehen lassen, auf alle Fälle kann ich locker bleiben, unverletzt, unzerstört – gelassen eben. Nicht selten kommt, von dieser ruhigeren Warte aus betrachtet, sogar ein Sinn für die jeweilige Situationskomik auf, wenn man sich irgendwo gar so verbissen gebärdet. Ein Funke Humor kann aufblitzen, kann es uns möglich machen, elastisch zu reagieren und den finsteren Gesichtern gelegentlich vielleicht sogar eine Prise Charme entgegenzusetzen, letztlich doch mit Verständnis zu begegnen, denn auch in der Gegenpartei ist vieles allzu menschlich. So hat es Marie von Ebner-Eschenbach wohl auch gemeint mit ihrer Formulierung, Gelassenheit sei eine anmutige Form des Selbstbewusstseins. Gelassenheit verliehe uns auch die lockere Hand und Lässigkeit, Probleme zu lösen, an denen Verkrampfung mit ihrer schwerfälligen Hand wohl scheitern müsste.

Gelassenheit ist dabei nicht etwas, das man vor sich herträgt wie einen Leuchter, das man sich anzieht wie eine Rüstung – Gelassenheit wäre vielmehr eine Form der Abrüstung, eine anmutige dazu, eine zivile Form des Selbstbewusstseins, die ohne Aufgeregtheit und ganz ohne Drohgebärden auskommt. Gelassenheit kommt ja aus einer gewissen Freiheit von Angst, gerade weil man mit der Angst vertraut ist, und steht aller Panikmache entgegen. So kann sie oft um sich herum eine angstfreie Atmosphäre verbreiten. Gelassenheit strahlt aus, so wie Panik ansteckt. Gelassenheit aber ist der Panik gewachsen, ist letztlich stärker als sie. So ist sie nicht nur eine anmutige, sondern auch eine anziehende Form des Selbstbewusstseins.

In diesem Zusammenhang erinnere ich mich an ein Gespräch mit einer Frau, die kürzlich von der ungewöhnlichen Anziehungskraft ihrer Großmutter auf andere Menschen erzählte:

Ihre Großmutter, so die Enkelin, sei eine alte Jüdin gewesen, der nichts Menschliches fremd geblieben und der auch nichts in ihrem Leben erspart worden sei, doch habe sie eine so starke Ausstrahlung auf andere Menschen gehabt, dass sie überall, wo sie hinkam, rasch zum Mittelpunkt wurde, um den sich die Menschen scharten. Worauf beruhte diese Ausstrahlung? Es sei etwas von ihr ausgegangen, so die Enkelin, das einem das Gefühl gab, es sei in diesem Leben nichts zu fürchten.

Es sei nichts zu fürchten – ich war geradezu betroffen, als ich das hörte. Diese Überzeugung auszustrahlen durch seine ganze Haltung, sein ganzes Sein – und das bei einem jüdischen Schicksal im damaligen Hitler-Deutschland –, das war kühn, das war innere Freiheit, das war Gelassenheit. Diese Großmutter sagte ja nicht, dass es so sei, dass man nichts zu fürchten habe – sie wusste ganz gewiss um ihre Angst und um die reale Gefährdung damals –, aber ihre Haltung hatte dennoch eine Ausstrahlung, die denen, die mit ihr zusammensaßen, dieses Gefühl gab. War so etwas menschenmöglich? Wie stark spürte ich meine eigene Enge, meine Angstbereitschaft noch, gemessen an solcher inneren Weite. War sie überhaupt vorstellbar? Vorstellbar gewiss, auch wenn ich jene Großmutter nie kennengelernt habe, auch wenn sie von ihrer Enkelin gewiss auch idealisiert wurde, aber vorstellen kann ich mir einen solchen Menschen. Und allein diese Vorstellung weckt eine ziehende Sehnsucht in mir. So frei werden zu können! Das wäre Gelassenheit!

Ein anderes Beispiel für Gelassenheit ist der Brief einer Frau, die schreibt:

> „Da liege ich still allein, gewickelt in diese vielfachen schwarzen Tücher der Finsternis, Langeweile, Unfreiheit des Winters – und dabei klopft mein Herz von einer unbekannten, unbegreiflichen inneren Freude, wie wenn ich in strahlendem Sonnenschein über eine blühende Wiese gehen würde."[27]

Dieser Briefstelle sieht man nicht an, dass sie in einem Gefängnis, einem Internierungslager, geschrieben wurde, in dem man die Schreiberin schon seit drei Jahren festhielt, war sie doch eine Vorkämpferin des Pazifismus, zu einer Zeit, als Pazifismus noch als Vaterlandsverrat galt: im Ersten Weltkrieg. Der Brief stammt von Rosa Luxemburg. Die Langeweile, die Schikanen, die Ungewissheit über die Zukunft können ihr in diesem Moment wie auch in vielen anderen Zeiten nichts anhaben. Da gibt es etwas in ihr, das sich darüber erhebt. Ihre besondere Gabe, sich zu freuen, verdankt sie ihrer intensiven Wahrnehmung, ihrer Konzentration auf das, was gute Gefühle auslösen kann. In einem anderen Brief sind es die Düfte des Sommers, das Rascheln der Blätter, die Vogelrufe, die sie selbst im Lager erreichen. Vielmehr aber ist es ihre Überzeugung, für eine größere Sache, als sie selbst als Person es wäre, einzustehen und inhaftiert zu sein: für den Frieden. Dieses Wissen ermöglicht ihr auch unter diesen quälenden Umständen eine starke Sinnerfahrung und damit die Fähigkeit, Ängste und Leiden an sich abprallen zu lassen. So schreibt sie: „Ich glaube, das Geheimnis ist nichts anderes als das Leben selbst.“[28]

Sich mit Menschen, Dingen, Zusammenhängen zu beschäftigen, die über uns hinausweisen, durchbricht den Kreislauf der dunklen Gedanken und Gefühle, der Resignation. Ein so erfüllter Mensch wie Rosa Luxemburg kann dann auch sich selbst und seine Lage überwachsen und ganz aufgehen in dem, was er tut und empfindet, in dem wichtigsten aller Hochgefühle: am Leben selbst teilzuhaben, fürs Leben selbst einzustehen. Das und nichts anderes ist das Geheimnis des Glücks.

LINDA BRIENDL

Die Kunst, schöpferisch zu leben

Bevor der Mensch die Schrift erfunden hat, waren die schöpferischen Gestaltungen der Höhlenmalerei und Felskunst seine hauptsächliche Methode, um Kenntnisse und Botschaften zu vermitteln und im Gedächtnis zu halten. Die Zeugnisse der bildenden Kunst erzählen über alle Zeiten hinweg von der Kultur der Menschen vor uns, von ihren Glaubensformen, Denkweisen, Hoffnungen und Ängsten. Diese Dokumente spiegeln das elementare Bedürfnis des Menschen wider, sich über sein Dasein in der Welt kreativ zu verständigen.

Die symbolischen Darstellungen aus der Menschheitsgeschichte können auch für uns heutige Menschen wertvoll sein. Unsere Psyche wendet sich diesen Bildern zu, wenn die darin enthaltenen Erkenntnisse für ihre Weiterentwicklung wichtig sind.

C. G. Jung erkannte, dass in den individuellen Gestaltungen von kreisförmigen Mandalas innere Bilder zum Ausdruck kommen, die im Menschen entstehen, um sich selbst zu ordnen und ein inneres Gleichgewicht zu finden. Der Kreis ist ein archetypisches Symbol der Ganzheit, des Absoluten und der Vollkommenheit, der schon bei den Naturvölkern kultische Bedeutung hatte. Der Kosmos wird in den großen Weltreligionen als Kreis des göttlichen Wirkens dargestellt. Was sich im Zentrum des Kreises befindet, wird in vielen Kulturen als das magisch Wirksame betrachtet. C. G. Jung sah im Kreis ein Symbol der Seele und des Selbst. Der Impuls, sich der inneren Mitte zuzuwenden, bedeutet daher auch, sich an ein schöpferisches Prinzip anzuschließen, wie es in der Gestalt des Shiva Nataraja symbolisiert wird. Durch den Kontakt mit dem unendlich reichen Schatz der Menschheitsgeschichte erhalten wir Impulse, die uns dazu anregen, unser eigenes Leben schöpferisch zu gestalten. Um zu veranschaulichen, wie die schöpferische Kraft alles Lebendigen wirkt, möchte ich Ihnen ein Beispiel schildern, das schon über zwanzig Jahre zurückliegt, aber mir immer noch eindrücklich im Gedächtnis ist:

> Das Orkantief „Lothar" zog am 26. Dezember 1999 über West- und Mitteleuropa hinweg und richtete schwere Schäden an. Im Wald nahe meiner Wohnung wurden über weite Flächen so viele Bäume umgeworfen, dass ich zunächst Mühe hatte, mich zu orientieren, als ich die Verwüstung zum ersten Mal sah. Meterhohe Bäume lagen kreuz und quer, die Wege waren nicht mehr begehbar. Der Anblick dieser Zerstörung war für mich, wie für viele Menschen auch, so schmerzhaft, als hätte man mich selbst verletzt. Eine destruktive Kraft hatte hier etwas vernichtet, das eine wichtige Ressource für das ökologische Gleichgewicht darstellt. Zerstört wurde aber auch ein Lebensraum für die Menschen, die den Wald als Erholungsgebiet nutzen.
>
> Fachleute arbeiteten monatelang das Sturmholz auf, ein Teil der Fläche wurde aber nicht geräumt und den Kräften der Natur überlassen. Natürlich

fehlten mir die Bäume weiterhin, wenn ich dort spazieren ging. Wie erstaunt war ich aber, als ich im übernächsten Sommer Blumen erblickte, die ich vorher dort noch nie gesehen hatte: Ein Meer von Fingerhut-Pflanzen, die in den Farben Weiß, Rosa und Rotviolett blühten, war in der entstandenen Lichtung gewachsen – ein prachtvoller Anblick. Der Fingerhut ist in hohen Dosen giftig, die darin enthaltenen Wirkstoffe sind aber in kleinen Mengen schon lange als Heilmittel bei Herzbeschwerden bekannt. Es war, als hätte die Natur uns etwas Tröstliches vermitteln wollen, ein Lebenszeichen, das mich in diesem Moment auch heilsam berührte und mein Vertrauen in die schöpferischen Kräfte der Natur stärkte.

Wenn wir das Prinzip des ewigen Zyklus von Werden, Sein und Vergehen erkennen und verstehen, dann sind wir mit dem schöpferischen Prinzip verbunden, von dem C. G. Jung gesagt hat, dass alles, was es auf der Welt gibt, davon durchdrungen ist. Wenn wir um die Zerstörung, das Vergehen wissen, dann können wir die Gefühle von Trauer und Verzweiflung durchleben und die Angst ertragen, bis die Hoffnung auf neues Leben wieder erwacht. Das Wissen um das Werden hilft uns, gelassener auf neue Entwicklungen zu warten, weil uns bewusst ist, dass alles, was wächst, seine Zeit braucht. Das hilft uns, dankbar für die Zeiten der Erhaltung in unserem Leben zu sein und das Dasein achtsam wahrzunehmen. Schöpferisch sein heißt: dem Wandel und der Veränderung gegenüber offen zu sein. In jedem

Menschen wirkt ein sich selbst organisierendes schöpferisches Prinzip. In den Momenten, in denen es uns gelingt, in Kontakt mit dieser Kraftquelle zu kommen, erfahren wir uns als wirklich lebendig, was uns mit Tatkraft und Freude unsere Aufgaben anpacken lässt. Die Energie des Schöpferischen ist eine wichtige Ressource für unseren Lebensweg.

Angst und Stress sind die schlimmsten Feinde der kreativen Einstellung. Der Körper reagiert angespannt, der Blutdruck steigt, wir schwitzen – innere Bilder von Bedrohung und Enge tauchen auf. Weil wir uns unsicher fühlen, klammern wir uns an das Bekannte in unserem Leben, die Vorstellungskraft schrumpft; unser Denken läuft in alten, vorgefertigten Bahnen. In diesem Zustand gelingt es nicht, neue und kreative Lösungen zu finden, dazu muss zuerst der Druck verringert werden. Lockerung durch körperliche Bewegung und ein „Not-Stopp", eine Pause oder ein Innehalten in Stresssituationen, helfen uns, Zeit und Raum für uns selbst zu finden und den Boden für kreatives Wachstum wieder fruchtbar zu machen. Je nach Grad der Erschöpfung müssen Menschen dazu manchmal professionelle Hilfe in Anspruch nehmen, um wieder zu Kräften zu kommen und zu lernen, ihr kreatives Potenzial besser zu nutzen.

Der schöpferische Weg ist für jeden Menschen individuell verschieden. Viele Menschen wünschen sich, kreativer zu sein. Andere spüren, dass sie kreativ sind, wissen aber nicht, wie sie ihre Kreativität entfalten können. Obwohl wir uns nach einem Leben sehnen, in dem es möglich ist, unsere Wünsche und Ideen zu verwirklichen, scheint der Weg zur Lebenskunst manchmal zu weit zu sein. Unser Leben ist ständigen Veränderungen ausgesetzt, Umbruchphasen und notwendige Neuorientierungen müssen bewältigt werden. Viele unterschiedliche Aufgaben im Privatleben und im Beruf, die Erfüllung unserer eigenen Ansprüche und die Anpassung an andere fordern unsere ganze Aufmerksamkeit. Da stellt sich die Frage: Wie soll man das alles auf einen Nenner bringen?

Schöpferische Pause

Nehmen Sie sich jetzt einen Augenblick Zeit zum Innehalten. Was hätten Sie in Ihrem Leben schon immer gerne gemacht und haben es bis heute nicht probiert? Welche Sehnsucht taucht in Ihnen auf, wenn Sie über Ihren bisherigen Lebensweg nachdenken? Formulieren Sie Ihre Wünsche schriftlich oder gestalten Sie ein Bild davon. Das stärkt Ihr Vertrauen in die eigenen Kräfte, mit denen Sie sich auf die Suche nach einem erfüllten Leben begeben können. Wenn Ihnen spontan nichts einfällt, nehmen Sie diese Fragen in Ihren Alltag mit. Nehmen Sie aufmerksam wahr, wo Sie von einem Thema besonders ergriffen oder betroffen werden. Achten Sie auf Reaktionen Ihres Körpers, wenn Sie etwas Interessantes sehen oder hören. Es ist schon ein erster Schritt, wenn Sie sich auf den Weg machen, Ihre eigenen Antworten auf diese Frage zu finden.

Auf meine Frage nach den unerfüllten Wünschen sagen Menschen oft: „Ich weiß es nicht.“ Beim weiteren Gespräch über das Thema kommt dann aber oft doch etwas zum Vorschein, das schon lange als Wunsch besteht: Eine Patientin von mir fand beispielsweise heraus, dass sie liebend gerne Marionetten für das Puppentheater herstellen würde. In der Zwischenzeit gestaltet sie mit großem Einsatz ansprechende Figuren – eine enorme Arbeit, die sie aber beflügelt und erfreut.

Die Bilder, die wir malen, und die Kunstwerke, die wir sehen, bringen uns in Kontakt mit unseren inneren Bildern und den Emotionen, die in ihnen enthalten sind. Der Dialog mit dem Persönlichkeitsanteil in uns, den ich als inneren Künstler oder innere Künstlerin bezeichnet habe, ist ein kreativer Prozess. Auf diese Weise können wir uns „ins Bild" setzen über die Botschaften unserer Seele, können uns bewusst machen, wo wir neue Anpassungen an die Anforderungen unseres Lebens vornehmen müssen. Der innere Prozess der Selbsterkenntnis muss durch schöpferische Umsetzung ins Leben hinein verwirklicht werden. Wir entwickeln eine schöpferische Haltung, die uns hilft, kreative Impulse zur Lebensbewältigung zu nutzen und unser Leben als Kunstwerk zu betrachten. Dabei geht es keinesfalls darum, das ganze Leben zur Kunst zu machen, sondern es geht um künstlerisches Handeln innerhalb unseres Lebens. Das Werk, an dem wir mit künstlerischen Mitteln arbeiten, ist unsere eigene Biographie. Je mehr sich eine Person entwickelt, desto kreativer kann sie sein. Lebenskunst ist ein wichtiger Aspekt der Individuation.

Die Belebung der künstlerischen Kreativität hat Auswirkungen auf die praktische Kreativität. Selbstverwirklichung ist eine alltägliche Aufgabe. Der größte Feind der Kreativität ist der Alltagstrott. Deshalb ist es wichtig, auch im Alltag eine kreative Haltung einzunehmen: den Duft des Kaffees am Morgen zu genießen, den strahlend blauen Himmel zu bewundern, die ersten roten Tulpen im Frühling zu entdecken, ein ästhetisch gestaltetes Schaufenster oder eine Skulptur im Park auf sich wirken zu lassen – all das kann Gefühle und Gedanken hervorrufen, die uns bewusster die Freuden des Alltags wahrnehmen lassen. Schätzen wir diese kreativen Momente nicht zu gering ein! Wenn wir sie bewusst wahrnehmen, erleben wir die Welt mit allen Sinnen. Dieser Prozess führt zu neuen Lösungen für die Probleme des Alltags und steigert die Lebensfreude. Mangel an Kreativität ist oft ein Mangel an Freude und umgekehrt: Was wir gerne tun, lockt Kreativität hervor.

Um herauszufinden, was uns Freude machen könnte, ist ein weiterer wichtiger Faktor für Kreativität von Bedeutung: Zeit. Wir müssen Zeit reservieren, um uns mit dem inneren Künstler, der inneren Künstlerin zu treffen; es geht um Momente des kurzen Innehaltens in den vielfältigen Verpflichtungen unseres Alltags. Was dabei schöpferisch wirkt, ist der Vorgang der inneren Sammlung. Aus meiner eigenen Erfahrung ist es am besten, eine gewisse Zeit dafür fest einzuplanen – auch wenn es nur eine Viertelstunde pro Tag ist. Tragen Sie diesen Termin in Ihren Kalender ein, indem Sie den Anfangsbuchstaben Ihres Namens dort einschreiben und farbig markieren. Damit verpflichten Sie sich, die Verabredung mit Ihrem inneren Künstler oder der Künstlerin einzuhalten. Sie können diese Zeit produktiv nutzen, indem Sie etwas gestalten, z.B. malen, modellieren, schreiben oder Musik machen. Vielleicht haben Sie Lust, über eine der schöpferischen Pausen in diesem Buch nachzudenken, oder Sie wählen eine der Übungen aus, die Ihrem Zeitrahmen entspricht. Sie können die Entwicklung Ihrer eigenen Kreativität aber auch unterstützen, indem Sie sich durch das schöpferische Schaffen anderer Menschen anregen lassen. Besuchen Sie Ausstellungen in Museen oder Galerien und sehen Sie sich Bilder, Gemälde und Skulpturen an. Nutzen Sie die vielfältigen Angebote der Kunstvermittlung, welche von den Museen angeboten werden. Stöbern Sie in Buchhandlungen oder Bibliotheken, um in Kunstbänden den Reichtum der Bilderwelt zu entdecken. Legen Sie eine Mappe mit Bildern oder Kunstpostkarten an, die Ihnen besonders gut gefallen. Hören Sie in Ruhe ein Musikstück, in dem Stimmungen ausgedrückt sind, und lassen Sie diese in Ihrer inneren Vorstellungswelt Gestalt annehmen. Lesen Sie Texte, Geschichten oder Gedichte, die Ihnen gefallen, und stellen Sie sich die dazu entstehenden Bilder vor. Besuchen Sie Konzerte, den Zirkus, das Theater oder das Kino. Vielleicht braucht Ihre innere Künstlerin oder Ihr innerer Künstler hie und da auch Zeit dafür, sich zurückzuziehen, spazieren zu gehen oder einfach nichts zu tun. Was immer Sie für die Begegnung mit den inneren Künstlerfiguren wählen: Ihre Phantasie wird stimuliert und Ihre innere Vorstellungsfähigkeit, die Imagination, wird geschult. Es entsteht ein Raum, in dem Sie entdecken können, welche schöpferischen Kräfte in Ihnen schlummern, die nur darauf warten, neu oder wieder entdeckt, genutzt und gefördert zu werden. Machen Sie aus dem Treffen mit Ihrem inneren Künstler,

Ihrer inneren Künstlerin ein Ritual, auf das Sie sich regelmäßig einstimmen.

Es gibt eine Vielzahl von Möglichkeiten, die dazu beitragen, uns in der Kunst des schöpferischen Lebens zu schulen. Wesentlich ist, dass wir offen sind für unsere Inspiration, das heißt, dass wir unsere Ideen, Einsichten, Gedanken und Emotionen aus dem Unbewussten wahrnehmen und willkommen heißen. Durch den Kontakt mit unserer Seele sind wir im Kontakt mit unseren Ressourcen. Wir fühlen uns belebt und spüren mehr Energien, die uns helfen, unser Alltagsleben bewusst zu gestalten, Möglichkeiten zu realisieren und auch schwierigere Probleme des Lebens zu meistern.

Khalil Gibran

Von Liebe, Schönheit und Selbsterkenntnis

Von der Liebe

Da sagte Almitra: Sprich uns von der Liebe.
Und er hob den Kopf und sah auf die Menschen, und es kam eine Stille über sie. Und mit lauter Stimme sagte er:
Wenn die Liebe dir winkt, folge ihr,
Sind ihre Wege auch schwer und steil.
Und wenn ihre Flügel dich umhüllen, gib dich ihr hin,
Auch wenn das unterm Gefieder versteckte Schwert dich verwunden kann.
Und wenn sie zu dir spricht, glaube an sie,
Auch wenn ihre Stimme deine Träume zerschmettern kann, wie der Nordwind den Garten verwüstet.
Denn so, wie die Liebe dich krönt, kreuzigt sie dich.
So, wie sie dich wachsen lässt, beschneidet sie dich.
So, wie sie emporsteigt zu deinen Höhen und die zartesten Zweige liebkost, die in der Sonne zittern,
Steigt sie hinab zu deinen Wurzeln und erschüttert sie in ihrer Erdgebundenheit.
Wie Korngarben sammelt sie dich um sich.
Sie drischt dich, um dich nackt zu machen.
Sie siebt dich, um dich von deiner Spreu zu befreien.
Sie mahlt dich, bis du weiß bist,

Sie knetet dich, bis du geschmeidig bist.
Und dann weiht sie dich ihrem heiligen Feuer, damit du heiliges Brot wirst für Gottes heiliges Mahl.
All dies wird die Liebe mit dir machen, damit du die Geheimnisse deines Herzens kennenlernst und in diesem Wissen ein Teil vom Herzen des Lebens wirst.
Aber wenn du in deiner Angst nur die Ruhe und die Lust der Liebe suchst,
Dann ist es besser für dich, deine Nacktheit zu bedecken und vom Dreschboden der Liebe zu gehen,
In die Welt ohne Jahreszeiten, wo du lachen wirst, aber nicht dein ganzes Lachen, und weinen, aber nicht all deine Tränen.
Liebe gibt nichts als sich selbst und nimmt nichts als von sich selbst.
Liebe besitzt nicht, noch lässt sie sich besitzen;
Denn die Liebe genügt der Liebe.
Wenn du liebst, solltest du nicht sagen:
„Gott ist in meinem Herzen“, sondern: „Ich bin in Gottes Herzen.“
Und glaube nicht, du kannst den Lauf der Liebe lenken, denn die Liebe, wenn sie dich für würdig hält, lenkt *deinen* Lauf.
Liebe hat keinen anderen Wunsch, als sich zu erfüllen.
Aber wenn du liebst und Wünsche haben musst, sollst du dir dies wünschen:
Zu schmelzen und wie ein plätschernder Bach zu sein, der seine Melodie der Nacht singt.
Den Schmerz allzu vieler Zärtlichkeit zu kennen.
Vom eigenen Verstehen der Liebe verwundet zu sein;
Und willig und freudig zu bluten.

Bei der Morgenröte mit beflügeltem Herzen zu erwachen und für einen weiteren Tag des Liebens dankzusagen;
Zur Mittagszeit zu ruhen und über die Verzückung der Liebe nachzusinnen;
Am Abend mit Dankbarkeit heimzukehren;
Und dann einzuschlafen mit einem Gebet für den Geliebten im Herzen und einem Lobgesang auf den Lippen.

Von der Schönheit

Und ein Dichter sagte: Sprich uns von der Schönheit.
Und er antwortete:
Wo werdet ihr Schönheit suchen und sie finden, wenn sie nicht selber euer Weg und Führer ist?
Und wie werdet ihr von ihr sprechen, wenn sie nicht selber die Weberin eurer Rede ist?
Die Gekränkten und Verletzten sagen: „Schönheit ist gütig und sanft.
Wie eine junge Mutter, ein wenig schüchtern wegen ihrer eigenen Herrlichkeit, geht sie unter uns."
Und die Leidenschaftlichen sagen: „Nein, Schönheit ist ein machtvolles und furchterregendes Wesen.
Wie der Sturm schüttelt sie die Erde unter uns und den Himmel über uns."
Die Müden und die Erschöpften sagen: „Schönheit ist sanftes Geflüster. Sie spricht in unserem Geist.
Ihre Stimme fügt sich unserer Stille wie ein schwaches Licht, das in Angst vor dem Schatten zittert."

Doch die Ruhelosen sagen: „Wir haben sie in den Bergen rufen hören,
Und mit ihren Rufen kamen Hufgeräusche und Flügelschlagen und Löwengebrüll."
Bei Nacht sagen die Wächter der Stadt: „Schönheit wird sich mit der Morgenröte aus dem Osten erheben."
Und zur Mittagszeit sagen die Arbeiter und Wanderer: „Wir haben gesehen, wie sie sich aus den Fenstern der Abendröte über die Erde neigte."
Im Winter sagen die Eingeschneiten: „Sie wird mit dem Frühling über die Hügel gesprungen kommen."
Und in der Sommerhitze sagen die Schnitter: „Wir haben sie mit den Herbstblättern tanzen sehen, einen Schneestreif im Haar."
All das habt ihr von der Schönheit gesagt.
Doch in Wahrheit spracht ihr nicht von ihr, sondern von unbefriedigten Bedürfnissen,
Und Schönheit ist kein Bedürfnis, sondern eine Verzückung.
Sie ist weder ein dürstender Mund noch eine leere ausgestreckte Hand,
Sondern ein entflammtes Herz und eine verzauberte Seele.
Sie ist weder das Bild, das ihr sehen möchtet, noch das Lied, das ihr hören möchtet;
Sondern ein Bild, das ihr seht, obwohl ihr eure Augen zumacht, und ein Lied, das ihr hört, obwohl ihr eure Ohren verschließt.
Sie ist weder der Saft in der schrundigen Rinde noch ein Flügel an einer Klaue,

Sondern ein Garten in ständiger Blüte und eine Engelschar in stetigem Flug.
Leute von Orphalese, Schönheit ist Leben, wenn das Leben sein heiliges Gesicht entschleiert.
Aber ihr seid das Leben, und ihr seid der Schleier.
Schönheit ist Ewigkeit, die sich in einem Spiegel anschaut.
Aber ihr seid die Ewigkeit, und ihr seid der Spiegel.

Von der Selbsterkenntnis

Und ein Mann sagte: Sprich uns von der Selbsterkenntnis.
Und er antwortete und sagte:
Eure Herzen kennen im Stillen die Geheimnisse der Tage und Nächte.
Aber eure Ohren dürsten nach den Klängen des Wissens in euren Herzen.
Ihr wollt in Worten wissen, was ihr in Gedanken immer gewusst habt.
Ihr wollt mit den Händen den nackten Körper eurer Träume berühren.
Und das ist gut so.
Die verborgene Quelle eurer Seele muss unbedingt emporsteigen und murmelnd zum Meer fließen;
Und der Schatz eurer unendlichen Tiefen möchte euren Augen offenbart werden.
Aber wiegt den unbekannten Schatz nicht mit Waagschalen;

Und erforscht die Tiefen eures Wissens nicht mit Messstock oder Senkschnur.
Denn das Ich ist ein Meer, grenzenlos und unermesslich.
Sagt nicht: „Ich habe die Wahrheit gefunden", sondern lieber: „Ich habe eine Wahrheit gefunden."
Sagt nicht: „Ich habe den Pfad der Seele gefunden." Sagt lieber: „Ich habe die Seele auf meinem Pfad wandelnd getroffen."
Denn die Seele wandelt auf allen Pfaden.
Die Seele wandelt nicht auf einer Linie, noch wächst sie wie ein Schilfrohr.
Die Seele entfaltet sich wie eine Lotosblume mit zahllosen Blättern.

Brigitte Dorst

Meditation – der Weg nach innen

Die spirituelle Sehnsucht

Alles beginnt mit der Sehnsucht …
Nelly Sachs[29]

Es gibt eine besondere Sehnsucht, die nicht auf ein bestimmtes, konkretes Du gerichtet ist. Da ist *Etwas*, das daran erinnert, dass es noch mehr und anderes gibt als die bisherigen Bilder und Erfahrungen, etwas, das die Seele bewirkt, um uns aus festen Gewohnheiten des Wissens, Denkens und Fühlens zu befreien, ein Suchen und Streben über das Vorhandene, Erreichte, Bekannte hinaus. Von irgendwoher meldet sich eine tiefe Sehnsucht, schleicht sich ein, und wir können nicht einmal sagen, wonach wir uns sehnen, es ist nicht klar benennbar. Vielleicht ist es so: Diese Art von Sehnsucht meldet sich dann, wenn ein Mensch spürt, dass ihm bei allem, was er kennt und hat, doch etwas fehlt, und er beginnt, sich über seine bisherigen Lebensweisen und Erfahrungen hinauszusehnen. Im Kern vieler äußerer Sehnsüchte verbirgt sich die Suche nach etwas Absolutem. Diese Sehnsucht lässt sich nicht verdinglichen in Form von zu befriedigenden Wünschen. Sie ist Wegweiserin zu den tiefen Anfragen an das Leben. Die Seele meldet sich in dieser Sehnsucht, weil sie zu sich selbst kommen möchte.

Im Geheimnis der Sehnsucht liegen die Ursprungs- und Zukunftsfragen nach dem Woher und Wohin des Lebens.

Was ist Meditation?

Die verschiedenen Meditationsformen unterscheiden sich in ihrem religionsgeschichtlichen Hintergrund und sind den mystischen Erfahrungswegen der verschiedenen Religionen zuzuordnen, z.B. der christlichen Mystik, dem buddhistischen Zen, der jüdischen Mystik, dem Yoga oder dem Sufismus. Gemeinsam sind den verschiedenen Formen der Meditation:

- Schweigen und Stille,
- Geschehenlassen und Nichttun,
- die Suche nach Einheit und Überwinden von Dualität,
- Mitgefühl und Liebe in einem universalen Sinn.

Heutigen Menschen geht es besonders um Selbsterfahrung und Bewusstseinsentwicklung; sie suchen vor allem transkonfessionelle Formen von Spiritualität, die mit ihrer Lebensweise und Weltanschauung in Einklang zu bringen sind.

Man begegnet Meditation heute überall: Auf dem Buchmarkt gibt es ein großes Angebot an Literatur über Meditation; Tagungshäuser und Fortbildungsakademien bieten Meditationskurse an, in jeder größeren Stadt gibt es Meditationsgruppen und Meditationszentren verschiedener spiritueller Lehrerinnen und

Meister. Es gibt Formen von spirituellem Tourismus zu Gurus, Schamaninnen und spirituellen Lehrern, und selbst die Modezeitschriften bieten Lebenshilfe und Anregungen zur Meditation in Form von Erfahrungsberichten und Anleitungen, wie Körper und Seele zur Ruhe kommen können. Hinter dieser äußerlichen Seite der vermarkteten spirituellen Bedürfnisse ist wohl auch die Suche und der Wunsch zu erkennen, mit sich und dem Leben wieder besser in Einklang zu kommen, einen Sinn im Leben zu finden und Antworten auf die Grundfragen des Lebens: Woher kommen wir? Wohin gehen wir? Was ist der Sinn unseres Hierseins?

In zahlreichen Büchern werden verschiedene Techniken angeboten und wird auch viel versprochen, was der Selbstoptimierung dient; das Ziel ist ein Zugewinn an Stärke, Konzentration etc. Bei den tradierten Formen der Meditation geht es dagegen zunächst darum, sich auf Übungen des Loslassens und Leerwerdens einzulassen. Da ist kein: „Ich meditiere, um zu …“, sondern es gilt, sich lediglich zu sammeln, loszulassen, sich zu öffnen, zu atmen, sich nach innen zu wenden und bei sich selbst anzukommen. Den verschiedenen Formen der Meditation und Spiritualität zugrunde liegt eine Sehnsucht, das Bewusstsein zum Transzendenten hin zu erweitern, in der Vielfalt der Formen das Formlose zu erkennen, im Sichtbaren das Unsichtbare, im Menschlichen das Göttliche.

Das lateinische Wort *meditari* ist mehrdeutig, es umfasst Aspekte wie „üben, nachsinnen, etwas umwandern, abmessen“. Einige Autorinnen und Autoren verweisen auf die indogermanische Wurzel *med*, in der Bedeutung von „wandern, abmessen, umschreiten". Meditation ist also ein nachsinnendes Erfahren des eigenen Seins.

Wie Schlaf und Liebe ist Meditation ein Zustand, der nicht „gemacht" werden kann, ein Zustand des Seins, nicht nur eine zu praktizierende Technik der Versenkung. Meditation ist nicht allein etwas, das man in bestimmten Zeiten in Form von Übungen – wie christliche Kontemplation, Zazen oder die stille Herzensmeditation des Sufismus – praktiziert. Meditation umfasst das ganze Leben, ihr Ort ist der Alltag. Das bedeutet nicht, dass Übungen der Stille und der Konzentration überflüssig wären. Im Gegenteil: Meditation, zunächst als eine Übung der Sammlung, der Konzentration, des Abschaltens aller Programme vom inneren Bildschirm, ermöglicht oft erst die Orientierung hin zur eigenen Mitte, die Selbstfindung, ein Atemholen der Seele. Und nur so kann sich auch das „Dritte Auge", das östliche Symbol für das Erkennen der Wirklichkeit hinter der Wirklichkeit, öffnen. Meditation meint nicht Rückzug und Pflege von esoterischer Innerlichkeit, sondern steht im Rhythmus des Lebens: Ein- und Ausatmen, Ruhe und Aktivität, Schweigen und Sich-Mitteilen, Handeln und Geschehenlassen.

Die meisten Menschen in unserem Kulturkreis fühlen sich erschöpft durch ein einseitig extravertiertes Leben, durch Machen, Handeln, Reden, Tun, ohne den entsprechenden Ausgleich durch Schweigen, Stille, Bei-sich-Sein, Kräftesammeln. Das Bedürfnis zu meditieren, kann spontan entstehen, als Antwort auf einen inneren Ruf, von der Sehnsucht im Herzen ausgelöst, als ein Bedürfnis nach Stille. Es kann sich manchmal auch melden in schwierigen Lebenssituationen, in Lebenskrisen, Verlusterfahrungen, z.B. beim Zerbrechen einer Beziehung oder angesichts eines *Memento mori* durch eine lebensbedrohliche Erkrankung.

Die systematische Erforschung der physiologischen, biochemischen und psychischen Effekte der Meditation begann in den 1970er-Jahren. Inzwischen gibt es eine unüberschaubare Anzahl an klinischen Studien, die die Wirksamkeiten von Meditation belegen. Die bekanntesten Effekte sind allgemeine Stressreduktion, arterielle Blutdruckveränderungen, Entspannung, größere emotionale Stabilität, erhöhtes Wohlbefinden, Stimmungsaufhellung.

Meditation allein und in Kombination mit Psychotherapie hat günstige, heilende therapeutische Effekte. Sie allein führt jedoch nicht automatisch zur Lösung von psychischen Konflikten und deren Psychopathologie. Diesem Irrtum unterliegen gelegentlich Menschen, die sich für Meditation interessieren. Schwerwiegende psychische Probleme bedürfen jedoch in der Regel psychotherapeutischer Behandlung. Spiritualität bzw. meditative Praxis als intrapsychische und interpersonale Konfliktvermeidung gelingt auf Dauer nicht. Ungeklärte psychische Probleme zeigen sich nach einer Weile umso dringlicher, verlangen Beachtung und Bearbeitung auf der psychischen Ebene, nicht auf der spirituellen.

Meditieren
Was machen wir eigentlich, wenn wir meditieren?
Wir richten unser Alltags-Ich
hin zum tieferen Selbst.
Wir machen uns frei von allem Müssen
und allen Erwartungen.
Wir versuchen, so gut es geht,
innerlich und äußerlich anzukommen,
im Hier und Jetzt.
Wir versuchen, mit dem Teil in uns
Kontakt aufzunehmen, der sehnsüchtig ist.
Wonach?
Nach Stille, nach Leere,
nach spürbarer Verbindung zum Urgrund.
Wir öffnen unser Herz, wir versuchen,
ganz in das Energiefeld der Liebe einzutauchen,
da anzukommen, wo wir eigentlich schon sind.
Wir versuchen, mehr und mehr zu erwachen.

Wirkungen der Meditation

Bei regelmäßiger Meditationspraxis kann es Veränderungen im psychischen Bereich geben, geschieht eine Art Schwerpunktverschiebung vom Ich zum Selbst: Das Ich, das Ego, steht nicht mehr im Mittelpunkt, sondern es wird an seinen Platz gerückt. Es geht nicht um: „Ich denke, ich will, ich erfahre", sondern: Das eigentliche Selbst als numinoses Zentrum wird zum Schwerpunkt. Wenn das Ich im Mittelpunkt steht, geht es um die Bedürfnisse des Ego und um seine Kräfte, wie z.B.

den Verstand. Wenn aber in der Meditation diese Verschiebung auf der Ich-Selbst-Achse geschieht, erfahren wir, dass in uns selbst etwas wieder zurechtgerückt wird. Manchmal erleben wir es als das Glück, uns SELBST – groß- und kleingeschrieben – näherzukommen, in einen Zustand des Friedens mit uns selbst zu geraten und zu merken: So könnten wir uns selber glücken.

Diese Schwerpunktverschiebung vom Ich zum Selbst bedeutet nach heutigem Verständnis *nicht*, dass das Ich zunichtegemacht oder ausgelöscht wird, wie es in vielen alten mystischen Texten heißt, sondern dass es ins rechte Lot gebracht wird. Der Ich-Komplex mit all seinen Fähigkeiten wird benötigt für das Leben in dieser Welt. Aber das Ich ist nicht das eigentliche Zentrum der Person, nicht die Mitte des Menschen. Die Mitte, das ist das Herz als das höhere Bewusstsein des Selbst, das in der Meditation zur Entfaltung, zur Ausdehnung, zum Strahlen kommen kann. Insofern kann man auch ganz schlicht sagen: Meditation ist eine Art innere Putzarbeit. Ein typisches Symbol der Sufis ist, den Herzensspiegel zu polieren. Wir putzen den inneren Herzensspiegel, bis er so blank ist, dass das innere Licht des Göttlichen darin aufleuchtet.

Die inneren Wirklichkeiten erfahren

Meditation will Menschen letztlich dazu verhelfen, ihr inneres Sein zu erfahren, das bloße Denken und die Wahrnehmung über die Sinne abzuschalten und Zugang zu transzendenten, transpersonalen Bewusstseinsdimensionen zu finden. Es ist klar, dass dazu eine Übungspraxis gehört, eine regelmäßige Einkehr in die eigene Mitte und auch immer wieder Zeiten, um in der Stille durchlässiger zu werden für die inneren Wirklichkeiten. Dann lässt Meditation die innere Wahrnehmungsfähigkeit erwachen, die Intuition – also das, was uns von innen her Erkennen, Einsicht und inneres Wissen vermittelt und uns belehrt („Intuition is tuition from within").

Meditieren bedeutet ein tiefes Eintauchen in eine unbekannte andere Dimension. Das beschreibt ein Zen-Meister in einer Geschichte:[30]

> „Die eine Kraft, die alles Lebendige erfüllt, muss vom Meditierenden erkannt werden", so sagte der Zen-Meister. „Und dieser Prozess gleicht einem Sieb, das mit Wasser gefüllt wird."
>
> Seine Schülerinnen und Schüler wunderten sich über dieses Bild, bedachten es, mutmaßten, was der Meister gemeint haben könnte, ob es ein bekanntes Beispiel aus der ehrwürdigen Literatur sein könnte, kamen aber zu keinem Schluss und vergaßen es schließlich. Nur eine junge Zen-Schülerin, der das Bild keine Ruhe ließ, wagte es, den Meister zu fragen, was er ihnen habe sagen wollen.
>
> Er sagte, sie solle einen Becher und ein Sieb nehmen und mit ihm an den nahen Strand gehen. Dort angekommen, forderte er sie auf, das Sieb mit Wasser zu füllen. Und natürlich rann das Wasser, wann immer sie es mit dem Becher ins Sieb schöpfte, einfach hindurch.

„So ist es mit der gewöhnlichen spirituellen Praxis“, sagte er. „Man versucht, Weisheit und Erkenntnis zu erlangen, aber so wird nie ein Sieb mit Wasser gefüllt oder ein Bewusstsein mit Erleuchtung und Erkenntnis.“

Er nahm das Sieb, warf es weit hinaus ins Meer, wo es rasch in den Fluten versank. „Jetzt ist es gefüllt mit Wasser“, sagte er. „Man muss das eigene Selbst weit hinaus in das Meer der Erkenntnis werfen, statt zu versuchen, den Becher des kleinen Ich mit Erkenntnis zu füllen. So ist rechte spirituelle Praxis.“

Meditation ist eine innere Reise, bei der wir Vorstellungen über das, was uns erwartet und wer wir sind, verlassen. Sie verändert das Verhältnis zu uns selbst und zur Welt, es ist ein Abenteuer der Selbstwerdung. So schreibt auch Novalis:

Wir träumen von Reisen
durch das Weltall:
ist denn das Weltall nicht in uns?
Die Tiefen unsers Geistes kennen wir nicht.
Nach innen geht
der geheimnisvolle Weg.
In uns, oder nirgends
ist die Ewigkeit mit ihren Welten –
die Vergangenheit und Zukunft.[31]

Der Weg geht, wie Teresa von Avila ihren Mitschwestern erklärt, über die Liebe: „Ich möchte, daß ihr mir dieses eine begreift: Es geht auf diesem geistlichen Weg nicht darum, viel zu denken, sondern viel zu lieben. Was am meisten Liebe in euch weckt, das tut."[32] „Alle wahre Erkenntnis kommt aus der Liebe", sagt auch Nikolaus Ludwig von Zinsendorf, der Begründer der Herrnhuter Gemeinde, und er betont, „daß die wahre Gottesgelehrsamkeit im Liebhaben besteht"[33] – knapper kann man das gar nicht sagen.

Schwierigkeiten bei der Meditation

Manche Menschen erleben Schwierigkeiten bei der Meditation, weil sie sich dabei anstrengen und es als etwas zu Leistendes versuchen. Aber Meditation steht unter dem Satz: „Jetzt muss ich gar nichts müssen. Ich bin jetzt einfach hier – ohne Zweck, ohne die Erwartung, etwas Besonderes dabei zu erleben." Kein Meditieren, um etwas zu erreichen. Es geht vielmehr darum, sich in der Stille und Beruhigung des Geistes in einen anderen Seinsmodus der Achtsamkeit hineingleiten zu lassen. Und für eine lange Zeit des Anfangens und Immer-wieder-Anfangens ist das für manche Menschen sehr schwer. Hier ist es hilfreich, sich zunächst auf den Atem zu konzentrieren, ohne seinen Rhythmus verändern zu wollen, bewusst innerlich zu sagen: „Ich atme ein, ich öffne mich. Ich atme aus, ich lasse los."

Natürlich erleben gerade Anfängerinnen und Anfänger Schwierigkeiten beim Loslassen. Es gibt die misstrauische Selbstbeobachtung, Ängste, die Kontrolle zu verlieren, und natürlich erfährt man auch immer wieder, wie das Denken im Kopf wie ein eingeschalteter Autopilot rotiert. Aber es ist wie bei der körperlichen Liebe: Ein beglückendes Erlebnis setzt auch hier voraus, sich den Strömen der Erregung und der Lust überlassen zu können, fähig zu sein, auf Kontrolle zu verzichten, kurz: sich loslassen und hingeben zu können. Und genauso ist es in der Meditation: Es geht darum, loszulassen, sich hinzugeben, auf eine weiselose Weise.

Manche Menschen, die zum ersten Mal meditieren, merken vielleicht auch, dass sie sich zunächst sehr unbehaglich in der Stille fühlen, sogar Widerwillen dagegen spüren. Dann gilt es, dies bewusst wahrzunehmen, um herauszufinden, was der Grund dafür ist: Ist es ungewohnt? Ist es das betriebsame Ego, das ständig Unterhaltung will? Ist es die Sucht nach Geräuschen, mit der einige Menschen sich ständig betäuben müssen?

Trotz des Wunsches nach regelmäßiger Meditation kann es immer wieder geschehen, dass die Anforderungen des Alltags uns gefangen nehmen und wir uns selbst dabei vergessen. Nicht aufzuhören, immer wieder anzufangen, darum geht es dann. Sich selbst immer wieder innerlich in Ordnung zu bringen, uns auf der Ich-Selbst-Achse anders auszurichten, wieder in die Weite des Herzens zu gelangen, wenn wir engherzig geworden sind.

Regelmäßige Meditation ist auch ein Weg der Selbsterkenntnis. Dadurch können auch Schattenseiten und problematische Teile der eigenen Psyche ins Bewusstsein treten. Dies ermöglicht einerseits einen anderen Blick auf sich selbst, erfordert andererseits aber auch Mut zur Selbstannahme. Wenn wir es schaffen, mit all unseren eigenen menschlichen Schwächen liebevoll und geduldig umzugehen, können wir auch leichter, barmherziger, weniger urteilend mit den Schwächen und Fehlern anderer umgehen.

Das eigentliche spirituelle Übungsfeld des achtsamen, bewussten Lebens ist nicht die Meditationspraxis, sondern der Alltag. Dabei ist nicht entscheidend, was wir tun, welche Aufgabe wir im Leben haben, sondern wie wir das tun, was wir zu tun haben: ob wir uns unseren Aufgaben und Anforderungen liebevoll zuwenden. Entscheidend ist, wie wir in Situationen mit uns selbst, mit Menschen, mit Dingen umgehen. Jede Situation ist eine Frage an uns, auf die wir eine achtsame, liebevolle Antwort geben können, und je weniger wir dies tun, desto schwieriger und vertrackter erscheint uns das Leben.

Die stille Herzensmeditation im Sufismus

Sufismus ist ein religionsunabhängiger spiritueller Schulungsweg, dessen Aufgabe darin besteht, den Suchenden auf dem spirituellen Pfad Hilfestellung zu geben, das Herz zu öffnen und das Bewusstsein zu weiten. Im Bereich der Mystik des Sufismus gibt es verschiedene Meditationsformen, z.B. den Dhikr (Gottesgedenken) oder den Derwisch-Tanz. Für mich selbst ist es die stille Herzensmeditation eines Sufi-Wegs, der von Irina Tweedie[34] aus Indien in den Westen gebracht wurde. Immer aber geht es um die Liebe: „Der Sufismus gründet sich in der Liebe, wirkt durch die

Dynamik der Liebe und manifestiert sich durch das gewöhnliche menschliche Leben […]“[35], so Idries Shah.

Das Herz öffnen

Die Sufi-Meditation ist eine Form der Erweckung der Liebe im Herzen. Verstand und Sinne müssen still werden, damit die innere Wirklichkeit des Herzens, das Göttliche, erfahrbar wird. Wir lassen den denkenden Geist, der immer wieder Trennungen schafft, im Herzen versinken, lösen uns sanft von ihm.

Im Schweigen, in der Stille, in der Meditation geschieht das Eigentliche, die sehnsüchtige Suche nach dem Göttlichen. Es geht um Liebe, um Hingabe an Der/Die/Das, den Ursprung und Urgrund des Lebens.

Der Sinn der Meditation ist: das Herz zu öffnen, das menschliche Potential an Liebesfähigkeit zu wecken und verbunden zu sein mit dem Einen. Es geht darum, das Herz, das Zentrum des höheren Bewusstseins des Selbst, in der Meditation zum Strahlen und zur Entfaltung zu bringen.

Die stille Herzensmeditation kann auch durch Liebe und Hingabe im Herz-Chakra die Kundalini-Energie aktivieren, was bei intensiver Meditation mitunter als starker Energiestrom erlebt wird. Chakren gelten als Energiezentren dieser besonderen feinstofflichen Energie, die durch Yoga-Praxis und Meditation geweckt werden kann. Die Kundalini ist ein im Menschen zumeist schlummerndes Energiepotential und wird durch das Symbol einer zusammengerollten Schlange im untersten Energiezentrum, dem Basis-Chakra, dargestellt.

Die Wirklichkeit hinter der Wirklichkeit erfahren

In der Herzensmeditation geht es letztlich darum, sich der Liebe hinzugeben, nicht irgendeinem Wunschbild, einem Ideal oder einer Vorstellung, sondern der Liebe als Urgrund des Lebens. Liebe öffnet die alltägliche Welt auf eine tiefere Seinsebene hin. Die Alltagsgrenzen der Wahrnehmung werden erweitert, verschlossene Tore zur Wirklichkeit öffnen sich, die Wirklichkeit hinter der Wirklichkeit wird erfahrbar.

Hubertus Halbfas

Der Sprung in den Brunnen

Schüler: Zeige mir, wie ich beten kann.

Lehrer: Kann ich es dir zeigen? Ich kann es nicht.

Schüler: Bist du denn nicht ein Lehrer der Religion?

Lehrer: Eben deswegen! Beten lernt niemand durch Wissen und Können, sondern durch Erfahren und Leben. Was immer ich weiß, kann dir nicht ersparen, dich selbst zu suchen. Selbst musst du in den Brunnen springen, die Tiefe wagen, den inneren Raum und die innere Zeit entdecken. Hör zu!

Da ging eines Tages der Knabe zu seinen Brüdern. Er sagte zu ihnen: „Gebt Acht! Ich will, dass wir zusammen einen merkwürdigen Ort aufsuchen."

„Wohin willst du uns denn führen?", fragten die Brüder.

„Ich will euch dahin führen, wo ihr die Wahrheit über euch selbst erfahren sollt."

Die Brüder baten ihn: „Lass es doch sein, es lohnt sich nicht. Danke, wozu sollen wir schon wieder ausziehen?" Sie wollten nicht gehen. Der Jüngste aber bestand darauf: „Entweder kommt ihr mit, oder ich bringe mich um!" So zwang er sie, mit ihm zu gehen.

Sie gingen lange, und noch am selben Tage kamen sie zu jenem Brunnen. Der Jüngste sagte zum Ältesten: „Ich will dich anbinden und in den Brunnen hinunterlassen. Schau dir an, was es dort im Brunnen gibt."

Der Älteste fing zu weinen an. „Warum willst du mich in den Brunnen hinunterlassen?" Er hatte Angst, in den Brunnen zu gehen. Er bat um Gnade. Der Jüngste sagte zu ihm: „Bitte nicht um Gnade, wir müssen dorthin!" Er band ihm den Strick um und ließ ihn hinunter. Aber kaum war der Bruder ein paar Klafter tief, fing er zu schreien und zu weinen an – noch ein bisschen, und die Angst zerreißt ihn. „Ich sterbe, ich sterbe!" Er war noch nicht einmal ein Viertel des Brunnens hinunter. Der Knabe zog ihn heraus, denn er sah, was für ein Mensch das war.

Dann kam der Zweite. Der Knabe band auch ihn und ließ ihn hinunter. Er war kaum bis zur Hälfte des Brunnens gekommen, da begann er zu schreien vor lauter Angst. „Ich sterbe, ich sterbe!" Er zog ihn heraus.

Dann kam die Reihe an den Jüngsten. Er sagte: „Hört zu! Wie viel ich auch weinen und schreien werde, zieht mich nicht hoch. Lasst mich hinunter, bis ihr fühlt, dass der Strick leicht geworden ist." Die Brüder fingen ihn zu bitten an: „Du bist unser Jüngster! Warum willst du von uns gehen?" Sie baten, er möge sie doch nicht verlassen, aber er wollte nicht auf sie hören. Da banden sie ihn und ließen ihn hinunter.

SCHÜLER: Das ist eine schöne Geschichte. Ich möchte wissen, wie sie weitergeht.

LEHRER: Es ist nicht irgend*eine* Geschichte, es soll *deine* Geschichte werden. Wohin sie führt, musst du selbst erproben.

SCHÜLER: Aber wo gibt es den Brunnen, in den ich springen könnte?

LEHRER: Weitab und doch nahe. „Sie gingen lange, und noch am selben Tag kamen sie an", heißt es. Je weiter du in die Welt ausschweifst, umso entfernter bist du ihm. Suchst du bei dir, schaust du über seinen Rand.

SCHÜLER: Dann ist der Brunnen in mir?

LEHRER: Deine eigene Tiefe!

SCHÜLER: Aber warum dann Angst haben. Was in mir ist, muss ich doch nicht fürchten?

LEHRER: Nichts ist den Menschen unbekannter und erschreckender als die eigene Seele. Die meisten Menschen haben Todesängste, in das Brunnenloch zu steigen und den Abstieg zum unbekannten Seelengrund zu wagen. Sie leben nur außen, von allem gefesselt, was zur Schau gestellt wird, aber sie werden schon verwirrt, wenn sie nur einen Blick über den Brunnenrand werfen sollen. Ihre Sicherheit liegt im Geläufigen der äußeren Welt; vor der Tiefe in sich selbst sind sie voll hilfloser Not. Aber der Brunnen ist noch nicht verschüttet. Wer ehrlich will, kann ihn finden und das Wagnis beginnen.

SCHÜLER: Ich bin nicht sicher, dass ich das will.

LEHRER: Dann zähl dich zu den älteren Brüdern. Sie bilden die Mehrheit. Mit ihnen verbindet sich keine Hoffnung.

SCHÜLER: Wie also komme ich in die Tiefe?

LEHRER: Zunächst musst du mit dir allein sein können! Wenn du es versuchst, wirst du sehen, wie schwer das ist. Du kannst unruhig werden und sogar Angst verspüren. Dann wird dich nichts anderes drängen als der Wunsch, schnell wieder nach oben zu kommen. Du wirst dir vorsagen, Alleinsein sei sinnlos, führe zu nichts, und Ähnliches.

SCHÜLER: Und? Ist es wirklich anders?

LEHRER: Es ist anders. Aber nicht sofort und nicht nach drei Wochen. Dazu gehören Beständigkeit und Geduld. Für jemanden, der das Alleinsein wieder und wieder übt, verändert sich die Welt. Dann werden die Dinge zugänglich: Es wird zugänglich der Baum, zugänglich wird der Himmel, zugänglich wird der Bach. Was zuvor im geschäftigen Leben nur zufällig da war, wird jetzt die eigentliche Welt. Die kann man nur durch häufiges, müh-seliges Alleinsein erfahren.

Hier sind ein paar Übungsaufgaben für dich.

Schreibe sie auf einen Zettel. Sooft du alleine bist, kannst du sie immer wieder lesen, bis du die Texte inwendig verstehst.

Geht man nicht aus der Tür,
kennt man die Welt.
Blickt man nicht aus dem Fenster,
sieht man des Himmels Weg.
Je weiter man ausgeht,
desto weniger kennt man.

Das Kleine sehen,
heißt erleuchtet sein,
das Weiche bewahren,
heißt stark sein.
Braucht man sein Leuchten
und kehrt zu seinem Licht zurück,
so verliert man nichts bei des Leibes
Zerstörung.
Das heißt: in das Ewige eingehen.

Sylvia Wetzel

Den inneren Reichtum entdecken

Um wirklich lieben zu können, brauchen wir ein Gefühl des inneren Reichtums, ein Gefühl von Selbstwert und Würde. Wie aber können wir das entwickeln?

Selbstvertrauen entsteht unter anderem durch ein stabiles und vielfältiges Beziehungsnetz und eine Arbeit, die uns Freude macht. Diese äußeren Bedingungen sind nicht unwichtig. Doch sollten wir uns nicht abhängig fühlen von äußeren Faktoren, die nur den Anlass liefern für unser Glück. Die eigentliche Ursache liegt in uns, in den uns innewohnenden Qualitäten von Offenheit, Klarheit und Feinfühligkeit, in unserem grundlegenden Gutsein, unserer Buddha-Natur.

Die acht „weltlichen" Dinge

Im Buddhismus werden acht „weltliche" Belange genannt: vier, nach denen wir verlangen – Besitz, Status, Zuneigung und angenehme Gefühle; und vier, die wir zu vermeiden trachten – Armut, Schande, Ablehnung und unangenehme Gefühle.

Die einzelnen Bereiche werden von den Menschen verschieden gewichtet, je nach Schicht, Geschlecht und Mentalität. Traditionell spielten für Männer Besitz und sozialer Status eine große Rolle. Jahrhundertelang definierten sie sich über Wissen, Arbeitsplatz und sexuelle

Potenz und fühlten sich wertlos, wenn sie ihre Arbeit verloren. Und die Mehrheit der Männer auf dieser Erde tickt immer noch so. Frauen war und ist meist etwas anderes wichtiger: Beziehungen, Zuneigung und angenehme Gefühle, und auch heute noch nicht selten Besitz und Status des Ehemannes. Sie zweifeln an ihrem Wert als Frau, wenn sie ohne feste Beziehung sind und für niemanden sorgen können. Das verändert sich zwar, aber sehr, sehr langsam. Welche dieser Anliegen auch immer wichtig für uns sind, irgendwann wird uns klar: Die „weltlichen" Dinge sind uns niemals sicher. Wenn wir unser Selbstwertgefühl darauf stützen, fällt es leicht in sich zusammen. Doch können wir es auf einen „Felsen" bauen, wenn wir einen inneren Weg der Selbsterkenntnis und -entwicklung gehen.

Die äußere Lebensform ist dabei nicht das Entscheidende. Auch im Kloster kann man ein „weltliches" Leben führen; dann nämlich, wenn es einem vor allem um angenehme Gefühle geht, um Anerkennung und Einfluss in der Gemeinschaft, um Rechthaben und darum, „besser" sein zu wollen. Entdeckt man aber seinen inneren Reichtum und teilt ihn mit anderen, dann lebt man ein „geistiges" Leben, auch wenn das äußerlich gar nicht auffällt.

Tatsächlich ist der Unterschied oft schwer zu erkennen. Zum Beispiel mag eine Person auf dem geistigen Weg eine tiefinnerliche Freude entdeckt haben. Nun ist sie oft ganz einfach froh und kann auch andere mit ihrer Daseinsfreude anstecken. Jemand anders aber, der genauso oft und womöglich noch süßer lächelt, macht das vielleicht nur, weil es ihm als ein Attribut von Heiligkeit erscheint, und als heilig möchte er gelten und dafür bewundert werden. Oder er will geliebt werden für sein liebes Lächeln. Er will etwas haben, statt zu sein.

Haben und Sein – diese beiden von Erich Fromm analysierten Modi – kommen fast immer gemischt vor. Wir können sie klarer erkennen, wenn wir nicht an unseren Idealbildern kleben, denn sonst glauben wir vielleicht, wir „sind“ großzügig, und übersehen dabei ganz, dass wir auch etwas „haben“ wollen – ein Dankeschön, Anerkennung oder das Gefühl, ein besserer Mensch zu sein. Das heißt natürlich nicht, wir sollten erst dann geben, wenn wir das aus reiner Freude am Geben können. Besser, man gibt teilweise aus egoistischen Motiven, als dass man gar nichts gibt.

Die guten Seiten des Lebens

Die Einsicht, dass weltliche Dinge *letztendlich* nicht glücklich machen, sollte allerdings nicht dazu führen, sie zu verdammen. Wir können sie wertschätzen und uns an ihnen freuen.

Das fällt vielen Menschen gar nicht leicht. Oft konzentrieren sie sich fast ausschließlich auf Probleme, Mängel oder Schwierigkeiten. An gesunden Gliedern können sie sich nicht freuen, aber wehe, wenn sie sich einmal den kleinen Zeh verstauchen. Sie bemerken zwar die tropfende Nase, aber nicht, wie oft sie nicht erkältet sind. Unser Lebensgefühl verbessert sich spürbar, wenn wir auf die schönen Dinge achten und auf das, was im Leben klappt.

Zu den guten Seiten des Lebens gehören auch die vielen Probleme, die wir *nicht* haben. Wenn wir in schwierigen Zeiten daran denken, lassen wir den Mut nicht so leicht sinken. Lebensfrohe Menschen nehmen eine solche Haltung ganz natürlich ein. Geht etwas schief, denken sie: Es könnte noch schlimmer sein. Wenn das Auto nicht durch den TÜV kommt, eine Steuernachforderung ins Haus flattert oder der Sohn in der Schule sitzen bleibt: Kopf hoch, das Leben geht weiter, denn der Sohn lebt noch, und wir haben immerhin so viel verdient, dass wir Steuern zahlen müssen.

Auch wenn nicht immer alles haargenau so läuft, wie wir es gerne hätten, geht es uns im Westen meist recht gut. Ein tibetischer Lama sagte nach seiner ersten Rundreise durch mehrere europäische Städte, er habe noch nie in so kurzer Zeit so viele wohlhabende Menschen jammern gehört. Die folgende kleine Übung ist inspiriert von dem vietnamesischen Zen-Lehrer Thich Nhat Hanh. Sie kann die Stimmung rasch heben und Dankbarkeit und Freude wecken.

Übung: Die fünf Sinne

Sprechen Sie innerlich folgende Sätze mehrmals vor sich hin,
berühren Sie die angesprochenen Sinnesorgane
und freuen Sie sich an ihnen:
Ich berühre meine Augen. Wie wunderbar, ich kann sehen.
Ich berühre meine Ohren. Wie wunderbar, ich kann hören.
Ich berühre meine Nase. Wie wunderbar, ich kann riechen.
Ich berühre meine Zunge. Wie wunderbar, ich kann schmecken.
Meine Hände berühren sich. Wie wunderbar, ich kann spüren.

Wie aber können wir uns innerlich reich und wertvoll fühlen, unabhängig von äußeren Faktoren?

Als Christen oder Jüdinnen könnten wir zum Beispiel sagen: Ich bin ein Kind Gottes und werde es immer bleiben. Analog dazu betonen die buddhistischen Lehren: Jedes Lebewesen ist wertvoll, weil es „Buddha-Natur“ besitzt. Im Grunde sind wir schon jetzt vollkommen, wir müssen nur zu unserer wahren Natur „erwachen“, also Buddha werden.[36] Was aber ist ein oder eine Buddha? Für den Anfang genügt es zu sagen: Buddha ist ein Wesen, das in höchstem Maße unsere Ideale verkörpert, sei es nun Weisheit oder Freude, Kraft oder Mitgefühl. Diese Qualitäten sind schon jetzt in unserem Geist, sonst könnten wir sie uns gar nicht vorstellen. Wir tragen sie also bereits in uns, und das menschliche Leben ist überreich an Gelegenheiten, zu unserer wahren Natur zu erwachen.

Da sind Ärger, Streit und Schicksalsschläge. Sie können uns wachrütteln, damit wir über uns nachdenken und unserem Leben eine neue Richtung geben. Wie im vorigen Abschnitt können wir auch an das Gute in unserem Leben denken und daran, dass wir frei sind von vielen Problemen, diesmal aber unter dem Aspekt, dass wir uns dadurch innerlich entwickeln können. Zum Beispiel haben wir genügend Kraft und Freiräume, an uns zu arbeiten, wenn wir nicht schwerkrank sind oder ums Überleben kämpfen müssen, nicht an Süchten und Gewohnheiten kleben oder uns in endlosen Vergnügungen verlieren. Günstig ist auch ein Umfeld, in dem ethische Werte und geistige Wege vermittelt werden; Menschen, Bücher und Veranstaltungen, durch die wir spirituelle Lehren und Methoden kennenlernen können. Wichtig ist aber auch der Wille und das Vertrauen, uns auf einen geistigen Weg einzulassen. Dann haben wir den buddhistischen Lehren zufolge die besten Voraussetzungen, Glück und Frieden zu finden, tiefe Einsicht zu gewinnen und uns von allem Leid zu befreien.[37]

Buddha-Natur

Wie bereits erwähnt, können Lebewesen erwachen oder Buddhas werden, weil sie Buddha-Natur besitzen. Damit ist die Tiefenschicht des Geistes gemeint, nicht das Oberflächenbewusstsein oder der „Affengeist“, nicht die Ebene der sinnlichen Wahrnehmungen, Gedanken und Gefühle, Willensimpulse usw. Übrigens heißt es in der tibetischen Tradition, normale Menschen erlebten fünfundsechzig solcher Wahrnehmungsmomente in einem Augenblick, Buddhas in derselben Zeit dagegen dreitausend. Jedenfalls ist in einem solchen Blitzlichtgewitter keine Stabilität möglich. Um diese zu erreichen, müssen wir unsere Buddha-Natur spüren und in ihr ruhen. Dann können wir immer noch denken, fühlen und unseren Alltag organisieren, leben aber ohne Druck, Angst und Einsamkeit. Wir fühlen uns offen, klar und feinfühlig. Diese drei Aspekte von Buddha-Natur können wir in jeder stillen Meditation zumindest für Momente erleben. Sie sollen im Folgenden ausführlicher beschrieben werden.

Sind wir wach, entspannt und identifizieren uns nicht mit den oberflächlichen Impulsen, dann können wir feststellen: Die Situation ist immer offen. Wir wissen nie, was im nächsten Moment geschehen wird, nicht einmal, was genau wir im nächsten Moment tun, sagen oder denken werden. Das kann Angst machen. Deswegen richten Menschen sich so gern in Gewohnheiten ein und meiden Situationen, in denen sie mit Unerwartetem rechnen müssen. Das macht ihr Leben arm und ist im Grunde absurd, denn das Unerwartete geschieht sowieso. Jeder Moment ist vollkommen neu, auch wenn er einem vergangenen ähnelt. Wie heißt es so schön bei Heraklit? Kein Mensch steigt zweimal in denselben Fluss.

Der zweite Aspekt von Offenheit kann uns noch mehr erschüttern. Erfahren können wir ihn in Momenten, in denen wir uns vollkommen lebendig fühlen und intensiv empfinden, ohne wirklich zu begreifen, was da geschieht. Der Verstand bleibt einfach stehen. Vielleicht beim Anblick einer Blume oder eines Sonnenuntergangs, wenn wir in ein Lächeln versinken, uns von einer Musik verzaubern lassen oder uns hingebungsvoll einer Sache widmen. Dann können wir uns plötzlich ergriffen fühlen von einem namenlosen Staunen, einem wortlosen Begreifen: Das Leben ist ein Wunder, ein Geheimnis, mit Worten nicht zu fassen.

Worte sind deshalb nicht nutzlos. Wenn wir uns im Leben zurechtfinden wollen, müssen wir unseren Verstand gebrauchen und Dinge und Umstände richtig benennen. Doch können Worte immer nur die Oberfläche streifen. Sie sind nur „Finger, die auf den Mond zeigen". Lösen wir also den Blick von dem Finger und schauen wir auf den Mond. Lassen wir uns von seinem Geheimnis anrühren und genießen wir diese Momente, da wir wissen: Unsere Alltagserfahrungen sind wichtig, aber nicht einzig wichtig. Wir können immer wieder einen Schritt hinaustreten in den offenen Raum und mit den Dingen tanzen, das Mysterium des Lebens feiern, das unsagbar ist und ewig neu.

Die Klarheit des Geistes

Wenn wir die Aufmerksamkeit nach innen wenden, spüren wir nicht nur die Offenheit des Geistes. Wir stellen auch fest: In diesem offenen Raum geschieht ständig irgendetwas, kann etwas geschehen, weil er klar ist. Sinnesempfindungen steigen auf; Fühlen und Denken, Wollen, Ablehnen und Selbstwahrnehmen geschieht. All diese Phänomene erscheinen, bleiben eine Weile und verschwinden wieder.

Normalerweise haben wir allerdings keinen klaren Blick auf die Erscheinungen. Trinken wir beispielsweise ein Glas Saft, dann sehen wir das gewöhnlich so: Hier bin ich, das Subjekt. Meine Hand greift nach dem Glas, dem Objekt. Dann tue ich etwas, trinken. Ich trinke Saft – Subjekt, Prädikat, Objekt. Ein Subjekt tut etwas mit einem Objekt. Das ist die Struktur der Sprache; so denken wir.

Schauen wir uns diesen einfachen Vorgang in der

Klarheit des Geistes an, dann sieht das so aus: Statt „Ich sehe das Glas" erleben wir: „Form- und Farbwahrnehmung geschieht, Druckempfindung geschieht." Das ist alles. „Ich trinke" verwandelt sich in „riechen, tasten, schmecken, Kälte spüren". Doch es gibt kein Ich, das etwas tut. Nur der Verstand spaltet die Wahrnehmungen ständig auf und presst sie in sein Subjekt-Prädikat-Objekt-Schema. In Wirklichkeit aber gibt es keine Dinge; es gibt nur Wahrnehmungen, Prozesse, ein dynamisches Universum, in dem wir uns auf wunderbare Weise zurechtfinden.

Wer findet sich zurecht?

Niemand, heißt es im Buddhismus. Es gibt kein Ich, das all diese Wahrnehmungen „macht", kein unveränderliches und vom Rest der Welt getrenntes Subjekt. Es gibt nur ein Ichgefühl. Und es gibt Vorstellungen davon, wie wir sind und wie wir sein sollten: „Ich bin eigentlich ordentlich." „Ich muss das schaffen." „Ach, wäre ich doch gefühlvoller." „Warum kann ich nicht besser Englisch?" „Ich kann einfach nicht kochen." „Ich hasse Computer." Solche Gedanken inspirieren uns manchmal zu neuen Schritten. Doch meist engen sie uns ein.

Der Buddhismus lehrt: Je weniger wir an Selbstbildern kleben, desto besser kommen wir mit dem Leben zurecht. Wir sind offener für das, was geschieht. Wir spüren, hören und sehen mehr und können angemessener und flexibler handeln. Das erfahren wir, wenn wir einmal ein unrealistisches Selbstbild erkennen und loslassen. Zu tiefgreifenden Veränderungen kommt es aber erst, wenn wir viele kleine Irritationen genau untersuchen, die dahinterstehenden Selbstbilder aufspüren und loslassen, immer wieder loslassen, wenn auch nur für kurze Zeit. So entsteht Raum für Veränderungen und das Vertrauen in ein freudvolles und kreatives Leben frei von starren Selbstbildern.

Spontanes Mitgefühl

Wenn wir in der Natur des Geistes ruhen, dann ist da nur der offene, klare Raum für Erscheinungen, die unablässig aufsteigen und wieder verschwinden, dann sind da keine voneinander getrennten Subjekte und Objekte mehr. Und weil da keine Trennung mehr ist, kann sich spontanes Mitgefühl entfalten. Für uns, für andere, für alles. Vollkommen natürlich. Ohne jede Anstrengung. Wer sollte sich auch anstrengen? Da ist kein Ich, das etwas tun müsste. Da sind keine von uns getrennten Anderen, mit denen wir Mitgefühl haben müssten. Da ist nur dieses spontane Mitfühlen. Das ist der dritte Aspekt von Buddha-Natur, auch Feinfühligkeit genannt.[38] Erkennen wir die Offenheit des Geistes aber nicht und spalten wir die Erscheinungen auf in eine objektive Außen- und eine subjektive Innenwelt, dann sind wir ständig versucht, nach Angenehmem zu greifen, Unangenehmes abzuwehren und Neutrales zu ignorieren. Statt Mitgefühl empfinden wir dann also Gier, Hass oder Gleichgültigkeit. Diese Reaktionen können wir vielleicht im Zaum halten, wenn wir ständig auf uns achten und die ethischen Regeln einhalten. Auflösen können wir sie aber nur, wenn wir die Natur des Geistes erkennen.

Stabiles Selbstwertgefühl

Ruhen wir in Buddha-Natur, dann ist unser Selbstwertgefühl stabil. Doch es ist auf Sand gebaut, wenn wir dem unsteten Oberflächengeist verhaftet sind oder uns auf äußere Bedingungen verlassen, denn diese sind unbeständig. Status und Besitz, Zuwendung und angenehme Gefühle entstehen unter günstigen Bedingungen, bleiben eine Weile und verschwinden dann wieder. Darin gibt es keine Sicherheit. Diese kann nur auf einem geistigen Weg gewonnen werden. Krishna sagt in der Bhagavad Gita, einem hinduistischen Klassiker, den viele religiöse Inder und Inderinnen besonders lieben: „Kein Schritt ist verloren auf diesem Pfad, und es droht keine Gefahr, und selbst der kleinste Fortschritt bringt Freiheit von Furcht."[39]

Der Buddhismus kennt viele Methoden, unsere Buddha-Natur zu entdecken, jenen inneren Reichtum, aus dem reine Liebe wachsen kann. Die folgende Übung soll Ihnen einen Geschmack von der Offenheit, Klarheit und Feinfühligkeit Ihres eigenen Geistes geben.

Übung: Offenheit, Klarheit, Feinfühligkeit

Nehmen Sie sich etwas Zeit
und spüren Sie die Offenheit in ihren beiden Aspekten:
Diese Situation ist offen. Sie wissen nicht,
was als Nächstes geschehen wird.
Und was der Verstand denken kann,
ist weniger als das, was ist.
Denken kann das Wunder,
das Geheimnis des gegenwärtigen Augenblicks nicht fassen.

Dann richten Sie Ihre Aufmerksamkeit
auf die aufsteigenden Empfindungen und Gefühle.
Nehmen Sie beispielsweise eine Tasse Tee in die Hand.
Was genau geschieht, wenn Sie denken:
„Das ist eine Tasse Tee. Ich trinke jetzt aus der Tasse"? –
Sehen geschieht, Druckempfindung geschieht,
Geschmacksempfindung geschieht,
Geruchsempfindung geschieht.
Der Gedanke „Tasse" steigt auf.
Der Gedanke „Ich trinke Tee" steigt auf. Sonst nichts.
Es gibt kein Subjekt, das das Objekt Tee trinkt.
Beides ist untrennbar miteinander verbunden.
Spüren Sie die Empfindungen in allen Facetten.
Öffnen Sie Ihr Herz für alles,
was in diesem unfassbaren Universum geschieht.

Niklaus Brantschen

Gottlos dankbar

Ein eindrückliches Beispiel für Dankbarkeit verkörperte der im Januar 2022 verstorbene buddhistische Mönch Thich Nhat Hanh (geb. 1926). Er war vietnamesischer Zen-Meister, Friedensaktivist und engagierte sich im interreligiösen Dialog. Für ihn war Dankbarkeit nicht zu haben ohne Achtsamkeit. Das wurde mir deutlich, als ich ihn im März 1992 zusammen mit Pia Gyger im Bauerngehöft Plum Village, unweit Bordeaux, in Südfrankreich besuchen durfte. Wir aßen mit einigen anderen Gästen und mit vietnamesischen Schwestern zu Mittag. Schweigen. Achtsamkeit bei jedem Bissen Reis und Gemüse. Später dann eine persönliche Begegnung beim Tee. Zuerst wieder Schweigen. Volle Konzentration auf das Teetrinken, als ob es sonst nichts auf der Welt gäbe.

Achtsamkeit, auch und gerade beim Essen, war für Thich Nhat Hanh eine wichtige Lebensregel. So berichtete er uns von einer Begegnung mit einem jungen amerikanischen Friedensaktivisten namens Jim. Dieser pflegte sich beim Essen so sehr in seine Zukunftspläne zu verlieren, dass er ganz unachtsam aß: „Jim steckte ein Stück Mandarine in den Mund, und bevor er mit Kauen angefangen hatte, war er schon dabei, das nächste Stück in den Mund zu stecken. Er merkte kaum, dass er eine Mandarine aß. Ich brauchte lediglich zu sagen: ‚Du solltest zuerst das Stück essen, das du im Mund hast‘, und Jim sah, was er tat. Es war so, als ob er überhaupt keine Mandarine gegessen hätte. Wenn er irgendetwas gegessen hatte, dann vielleicht seine Zukunftspläne.“[40]

In seinem Buch *Lebendiger Buddha, lebendiger Christus*[41] berichtet Thich Nhat Hanh, wie ihm auf einer Konferenz über Religion und Frieden, auf der er über Dankbarkeit gesprochen hatte, ein evangelischer Pfarrer gesagt habe: „Sind Sie ein dankbarer Mensch? Wenn Sie wirklich dankbar sind, warum glauben Sie dann nicht an Gott? Gott hat alles geschaffen, was wir genießen, auch das Essen, das wir zu uns nehmen. Weil Sie nicht an Gott glauben, sind Sie für nichts dankbar.“ Thich Nhat Hanh, so berichtet er weiter, dachte für sich: „Ich fühle mich außerordentlich dankbar für alles. Sooft ich eine Speise berühre, sooft ich eine Blume sehe, sooft ich die frische Luft einatme, fühle ich mich dankbar. Warum meinte der, dass ich nicht dankbar sei?“ Und dann erinnert sich Thich Nhat Hanh an ein buddhistisches Erntedankfest, das er mit Gästen in Plum Village zu feiern pflegte: „An diesem Tag üben wir wirklich Dankbarkeit, indem wir unseren Müttern, Vätern, Vorfahren, Freunden und allen Wesen für alles danken. Wir fühlen eine große Dankbarkeit für jeden und für alles.“

Das Gespräch zwischen dem evangelischen Pfarrer und dem buddhistischen Mönch ist ein Musterbeispiel eines Dialogs, der nicht gelingen kann. Die beiden reden aneinander vorbei. Der Pfarrer ist überzeugt, dass Menschen, die (seiner Meinung nach) nicht an Gott glauben, nicht dankbar sein können. Er scheint dem buddhistischen Mönch zu sagen: Warum beachtest du nur die Gaben und nicht den Geber aller Gaben? Warum siehst du nicht die letzte Instanz und beachtest nicht, was hinter allem ist? Du bleibst bei den Geschöpfen stehen, gehst nicht weiter zum Schöpfer und gibst ihm nicht die Ehre. Thich Nhat Hanh seinerseits scheint zu sagen: Ich verstehe dich nicht. Wenn du wirklich achtsam wärest und tief dankbar gegenüber allem, was ist, was dir widerfährt, was du sehen, erspüren, genießen kannst, dann würdest du mich nicht als „gottlos" bezeichnen.

Für den evangelischen Pfarrer ist Dankbarkeit unabdingbar auf ein Du gerichtet. Dingen der Natur, dem Leben und unpersönlichen Mächten gegenüber kann man nicht Dank empfinden. Und zudem gilt es für ihn, diesem Dank in Worten, in einem Dankgebet, Ausdruck zu verleihen. Für den buddhistischen Mönch dagegen wird die „Adresse" des Dankes weder genannt noch geleugnet. Sie ist weder persönlich noch unpersönlich. Wohl aber überpersönlich. Sie ist so sehr umfassend, dass ihr gegenüber Ergriffenheit und eine äußere Geste als Dank angemessen sind – und genügen.

Einen versöhnlicheren Ton im interreligiösen Dialog finden wir bei Meister Shimano und bei dem Benediktinerpater David Steindl-Rast.

Eido Tai Shimano (1932–2018), ehemaliger Leiter des Hauses für Zen-Studien in New York, antwortet auf die Frage nach der Existenz Gottes so: „Vor ein paar Tagen ging ich am Fluss entlang. Der Wind wehte. Plötzlich dachte ich: ‚Oh, die Luft existiert wirklich!' Wir wissen, dass die Luft da ist, aber solange uns nicht der Wind ins Gesicht weht, sind wir uns ihrer nicht bewusst. Vom Wind umweht, wurde mir plötzlich bewusst, dass sie wirklich da ist. Genauso ist es mit der Sonne. Plötzlich nahm ich die Sonne wahr, die durch die kahlen Bäume schien. Ihre Wärme, ihre Helligkeit – alles vollkommen frei, vollkommen gratis. Wir können sie einfach genießen. Und ohne es bewusst zu wollen, völlig spontan, legte ich die Hände gegeneinander und machte ‚gassho'. Da wurde mir klar, dass es nur darauf ankommt: dass wir uns verbeugen, tief verbeugen können. Nur das. Einfach nur das."[42]

David Steindl-Rast meint dazu, wenn wir solcherweise zu empfinden vermöchten, müssten wir nicht über Dankbarkeit nachdenken und darüber reden, „und viele der Widersprüchlichkeiten, die unsere Welt zerreißen, wären sofort aufgehoben"[43]. Steindl-Rast spricht von „elementarer Dankbarkeit". Man könnte auch von einer existenziellen oder gar von einer „Seins-Dankbarkeit" sprechen. Seins-Dankbarkeit meint: sich des Seins dankbar innewerden. Erfahren, dass es nicht nur dies oder jenes und so vieles gibt, sondern dass es überhaupt etwas gibt und dass auch ich bin – und ein „schön menschlich Antlitz habe" (Matthias Claudius).

Ishpriya Kinsey

Der Ort, an dem nichts ist

Im Licht des frühen Morgens versammelt sich eine Gruppe von Schülern um den Lehrer. Sie sind gekommen, um die Kunst der Meditation zu lernen. Der Meister weist seine Schüler an, zum „Ort, an dem nichts ist", zurückzukehren. Ein Ort, an dem nichts ist? Kann es solch einen Ort geben? Können wir uns völlige Leere überhaupt vorstellen? Denn sogar ein leerer Raum hat physikalische Kennzahlen. Wie die Schüler im Beispiel könnten wir beginnen, die Glaubwürdigkeit dieser Lehre anzuzweifeln, denn die gegebene Anweisung scheint nicht ausführbar zu sein. Gemäß unserem üblichen Verständnis können wir auf dieser Reise in Raum und Zeit weder physisch noch psychisch ein völliges Nichts erfahren. Versuchen Sie sich zu erinnern, ob Sie jemals etwas, das absolut nicht existierte, erfahren haben.

So seltsam es klingen mag: Die Lehre vom „Ort, an dem nichts ist", enthält eine tiefe Weisheit. Beginnen wir zu erforschen, was dieser Ort sein könnte. Die Existenz von kosmischen Löchern oder Leerräumen (cosmic gaps) zwischen der in der ungeheuren Vielzahl von Galaxien verteilten Materie war bereits bekannt, als im Jahr 2007 Astronomen erklärten, etwas entdeckt zu haben, was als „großes kosmisches Nichts" gepriesen wurde. Ein Blick auf die Beschreibung dieses „großen kosmischen Nichts" durch seine Entdecker kann uns helfen, jene Wirklichkeit zu erahnen, auf die der Meditationslehrer anspielte.

Im Mittelpunkt dieser Entdeckung stand eine Leere, die rund tausendmal so groß ist wie eine typische kosmische Leerstelle. Sie scheint keine Galaxien, keine Schwarzen Löcher, ja nicht einmal dunkle Materie zu enthalten. Ihr Durchmesser beträgt schätzungsweise eine Milliarde Lichtjahre, oder anders formuliert: neunmal 1021 Kilometer Nichts. Beweist diese Entdeckung die Existenz eines physischen Ortes, an dem nichts ist? Vielleicht nicht, aber die ungeheuren Dimensionen, die sie enthüllt, könnte uns stärker für die alte Weisheitslehre vom Ort, an dem nichts ist, sensibilisieren.

Die rasante Vermehrung unseres Wissens über den Kosmos ist atemberaubend und zertrümmert jede zu eng begrenzte Auffassung von unserer Lebensreise und unserem Platz im Universum. Die Explosion unseres Wissens über die kleinsten Bausteine der Materie ist ähnlich überwältigend. Die Nanotechnologie stößt auf immer neue Ebenen im unendlich kleinen Bereich. Aber die Entdeckung eines Ortes, an dem absolut nichts ist, steht im Bereich des Mikrokosmos noch aus.

Auch wenn die Wissenschaft große Fortschritte erzielt hat, so entzog sich doch bisher immer ein „Etwas“ – z. B. eine unsichtbare Energie – der Erforschung. Welche neuen Horizonte die Forschung auch erschließen wird, wie vertraut wir eines Tages auch mit der Erfahrung eines Ortes physikalischer oder psychologischer Leere sein werden, so ist doch klar, dass die Vision des Meditationslehrers darüber hinausgeht.

Bereits Jahrtausende vor der Entschlüsselung der DNA in den Erbanlagen und Jahrtausende, bevor das Hubble-Teleskop es uns ermöglichte, in die unermesslichen Weiten des Weltalls zu blicken und Bilder von der Geburt ganzer Galaxien in ferner Vergangenheit zu betrachten, sprachen die Rishis, die Mystiker der vedischen Religion Indiens, vom „grenzenlosen Raum des Herzens", „der Ort, an dem Nichts ist". Wie auch im biblischen Verständnis bezeichnet Herz hier den Wesenskern des Menschen, den Grund des Bewusstseins, das Leben als Geist. Trotz ihres noch sehr geringen Wissens um die Dimensionen des Kosmos verwendeten die Rishis die Dimension des Raumes auf symbolische Weise, um Suchende auf dem spirituellen Weg anzuspornen: „Geh und durchmesse den grenzenlosen Raum des Herzens." Der hohe Kenntnisstand der gegenwärtigen Astronomie über das Weltall ermöglicht es uns, die Klarheit der Intuition und die Intensität der spirituellen Erfahrung dieser antiken Mystiker zu würdigen.

Unmissverständlich erklärten sie, Sinn und Zweck der Lebensreise sei es, „jenen kleinen Raum im Herzen" zu finden, „der größer ist als dieses riesige Universum". Sie betonen, das Finden dieses „kleinen Raumes" und die „Kenntnis dessen, der dort wohnt", seien die einzigen Gründe für diese Reise. In Momenten spontaner Einsicht wissen wir aus Erfahrung: Nichts existiert außerhalb von Gott. Allein die Sprache des Paradoxons eignet sich, um dies auszudrücken: In dem kleinen Raum innerhalb der unendlichen Weite dieses Universums oder aller möglichen Pluriversen wohnt der Eine, der Ursprung von allem ist, aber jenseits davon existiert. An diesem inneren Ort anzukommen bedeutet gleichzeitig, dem Einen, der dort wohnt, zu begegnen und die Wahrheit zu erkennen, wer wir wahrhaftig sind.

Kehren wir zurück zur ursprünglichen Lehre der Veden:

> „Denn dort, wo Nichts ist, ist Fülle.
> Dort, wo Nichts sichtbar ist, ist die Vision des Seins.
> Dort, wo Nichts mehr in Erscheinung tritt,
> zeigt sich plötzlich das Selbst … der Geist."

Der Ort des Nichts ist der Ort der Fülle. Die Mystiker aller Traditionen gebrauchen seit vielen Jahrhunderten eine symbolische und paradoxe Sprache, wenn sie versuchen, ihre Erfahrung Gottes, des unbeschreiblichen Geheimnisses, auszudrücken. Einige, wie Johannes vom Kreuz, haben alle Bilder zurückgewiesen und schlicht wiederholt, dass ihre Erfahrung „weder dieses noch jenes" sei – also *„neti neti"*, wie es auf Sanskrit heißt. Andere wiederum haben mit der Aufgabe gerungen, das zu vermitteln, was nie angemessen gesagt werden kann, und uns eine Vielfalt an Bildern zu unserer Inspiration hinterlassen. Reines Licht, in dem keine Dunkelheit ist und das keinen Schatten wirft, ist vielleicht der am häufigsten in den heiligen Schriften und Texten der Heiligen anzutreffende Ausdruck. Aber sogar angesichts dieses Reichtums an Bildern, der uns zur Verfügung steht, werden wir immer nach neuen Ausdrücken für diese Erfahrungen suchen, die uns ganz persönlich etwas sagen.

Für jene, die überwältigt sind von dem, was wir mittlerweile über die Großartigkeit des Kosmos wissen, kann die Schwerkraft ein ansprechendes Symbol sein. Denken Sie an die unwiderstehliche Anziehungskraft, die im ganzen Universum wirkt. Ist es nicht faszinierend, dass ein schwarzes Loch einen ganzen Stern anziehen und verschlucken kann? Die Stärke dieser Anziehungskraft übersteigt unsere Vorstellung, und doch kann sie nur ein unzulängliches Symbol für die Intensität jener Anziehungskraft sein, durch die wir in Gott gehalten werden.

Auf unserer Suche nach einem Bild, das unserer eigenen Erfahrung am nächsten kommt, könnten wir in einem Dialog aus den heiligen Schriften der Hindus fündig werden. Auf die Frage: „Wie kann man sich die Erfahrung Gottes vorstellen?“, erhalten wir eine schlichte Antwort: „Gott ist der Geschmack des Wassers.“ Welchen Geschmack hat Wasser? Viele Menschen würden antworten, Wasser selbst schmecke nach nichts Besonderem, es schmecke einfach nach Wasser! In einer Welt, wo sauberes Trinkwasser ein immer knapperes Gut wird, erscheint dieses Bild umso passender. Wasser ist für uns etwas so Selbstverständliches, dass wir kaum einen Gedanken daran verschwenden, aber zugleich ist es die Grundlage allen Lebens auf der Erde. Ist es nicht verwunderlich: Wir wenden gewaltige Mittel für Forschungsprojekte auf, um herauszufinden, ob es auf anderen Planeten jemals Wasser gegeben hat, das Leben ermöglicht haben könnte, während wir das Wasser auf unserem eigenen Planeten verschwenden. Wir können den Geschmack des Wassers ignorieren, aber wir können nicht ohne Wasser leben und genauso wenig ohne Gott.

Welches Bild wir auch immer verwenden – jenes von der unwiderstehlichen Anziehungskraft, jenes vom Eintritt in das reine Licht, jenes vom Geschmack des Wassers –, mit Sicherheit haben wir das Geheimnis bereits selbst kennengelernt. Unsere erste Reaktion mag sein, dies zu leugnen. Wenn wir weiter nachdenken, erkennen wir aber, dass wir vielleicht einfach nicht gelernt haben, unsere Momente der Begegnung mit Gott als das zu erkennen, was sie sind.

Wenn unsere Reise zu diesem Ort des Nichts eine Rückkehr ist, dann ist es eine Reise an einen Platz, den wir bereits kennen. Uns erstaunt diese Auffassung von unserer „innerlichen Rückkehr" vielleicht. Unsere Lebensreise in Raum und Zeit hat mit unserer Empfängnis begonnen und endet mit unserem Tod. Das ist wahr – egal ob wir erwarten, diese Reise nur einmal zu machen, oder ob wir glauben, den Kreislauf von Geburt, Tod und Wiedergeburt unzählige Male zu wiederholen. Der Sinn und Zweck dieses Lebens mit Leib und Seele ist es, zu erkennen, dass wir von Gott, der Einen Quelle, herkommen und zu ihr wieder zurückkehren – und dass wir sie eigentlich nie verlassen haben.

Ist es möglich, an einen Ort zurückzukehren, den wir nie verlassen haben?

Wiederum sehen wir uns mit einem Paradoxon konfrontiert – und wir sind nicht die Ersten, denen es so geht. Bernhard von Clairvaux (um 1090–1153) hat Gottes Herausforderung an uns in folgenden Worten zusammengefasst: „Niemand wüsste, wie er Dich suchen muss, wenn er Dich nicht bereits gefunden hätte. Du möchtest also, dass wir Dich finden, um uns dann auf die Suche nach Dir zu begeben, und dass wir Dich suchen, um Dich schließlich zu finden." Im selben Sinn betete der heilige Augustinus (354–430): „Verleihe mir die Kraft, Dich zu suchen, nachdem Du mich Dich bereits hast finden lassen." Ziel der Suche ist etwas, das wir bereits gefunden haben, und unsere Reise ist eine Reise an einen Ort, an dem wir bereits zu Hause sind.

Wenn wir in unserem Bewusstsein für das Geheimnis wachsen, in dem wir leben und uns bewegen, wird dies unsere ganze Lebenszeit mit Freude erfüllen. Dieses Bewusstsein mag uns nur für kurze Momente gewährt sein, so, wie die Sonne durch einen Spalt in der Wolkendecke bricht. Aber in solchen Momenten offenbart sich uns die ganze Wirklichkeit, was uns als Individuen verwandelt. Einzig diese vertraute Begegnung kann uns zur völligen liebenden Hingabe an die Quelle allen Lebens bewegen. In dieser Hingabe lösen sich alle negativen Haltungen und Ängste in einer neuen Vision auf. Viele „Straßenkarten", die uns den Weg zu diesem Ort der Begegnung weisen, sind in den religiösen Traditionen angelegt worden. So wird der Weg der Sufis als „spirituelle Pilgerreise durch sieben Täler" bezeichnet, während im christlichen Klassiker „Die innere Burg", einem Werk Teresas von Avila, der Weg in das reine Licht durch die sieben Höfe dieser Burg führt.

Die vielleicht beste allegorische Beschreibung dieser Begegnung mit der Einen Quelle und ihrer Wirkungen kommt jedoch aus der buddhistischen Tradition: „Der Ochse und sein Hirte" ist eine zehnteilige Bildergeschichte, die in verschiedenen Fassungen vorliegt. Darin versinnbildlicht ein kleiner Junge jeden von uns. Er spielt und vertrödelt seine Zeit auf der sommerlichen Wiese, als ihm plötzlich einfällt, warum er an diesen Ort gekommen ist. Er erinnert sich, dass er den Ochsen zurück nach Hause bringen soll. Nun muss er den Ochsen suchen, ihn einfangen und zähmen, damit er schließlich auf seinem Rücken nach Hause reiten kann – denn der Ochse kennt den Rückweg. Sobald sie daheim angekommen sind, verschwindet der Ochse und der kleine Junge sitzt vor seiner Hütte und wartet. Auf einmal verschwindet der Junge und die ganze Welt um ihn herum. Es bleibt nichts.

Dann, auf dem nächsten Bild, erscheint die Welt wieder so wie zuvor. Auch der kleine Junge ist wieder da und sieht nicht anders aus als vorher. Was hat sich überhaupt geändert? Die Änderung liegt darin, dass er jetzt die Welt, die ganze Wirklichkeit, ganz anders sieht. Seine Wahrnehmung hat sich radikal gewandelt. Eine poetische Interpretation der Bildergeschichte vom Ochsen und seinem Hirten erklärt schlicht, der Junge erkenne nun, dass „die Blätter grün und die Blumen rot sind". Die Blumen und die Bäume haben sich zwar nicht verändert, aber der Junge erblickt jetzt das reine Wesen von allem ohne die ständigen Kommentare und Interpretationen durch seinen Verstand. Er kennt das Geheimnis des Seins, die letzte Wahrheit, die alles Leid beendet und ewig wahr ist. Eine buddhistische Schrift aus der Sanskrit-Tradition drückt dies prägnant aus:

Alles wandelt sich, alles vergeht,
Dinge erscheinen, Dinge verschwinden.
Aber wenn alles ein Ende hat –
alles erschienen und wieder verschwunden ist,
Sein als auch Erlöschen überwunden sind –
Leere und Stille andauern, das ist glückseliger Friede.

Friede. Ich bin davon überzeugt, dass die tiefste Sehnsucht jedes Menschen die wechselseitige Selbsthingabe und das Empfangen in Liebe sowie ein Leben in Frieden zum Inhalt hat. Dies erhofft jede Religion und dies ist das fraglose und immerwährende Bedürfnis der Menschheit. Und doch waren die menschlichen Gesellschaften, angefangen von der Zeit der Stammeskulturen bis in unsere Epoche der Globalisierung, immer von Konflikten gezeichnet. Nie hat sich die Menschheit eines universellen und dauerhaften Friedens zwischen den Völkern erfreut. Es legt sich der Schluss nahe, dass wir aus uns selbst heraus unfähig sind, Frieden unter den Menschen zu schaffen – auch wenn wir uns noch so sehr danach sehnen. Trotz unzähliger politischer Gipfeltreffen, trotz charismatischer Persönlichkeiten an der Spitze sozialer oder religiöser Reformbewegungen und trotz Naturkatastrophen, die uns für kurze Zeit über ideologische Grenzen hinweg miteinander verbinden, bauen wir noch immer trennende Mauern aus Stein und aus Furcht und entwickeln heimlich Waffen, mit denen wir möglichst viele Mitmenschen töten können.

Wenn Frieden möglich ist, dann ist die Reise der Mühe wert. Mit dieser Überzeugung, mit dieser Hoffnung machen wir uns auf, um unseren Weg zu finden. Wie abweisend die Landschaft auch sein mag, durch die unsere Reise führt – wir sollten nicht den Mut verlieren. Das heutige Umfeld ist sicherlich rau und hart, aber wir sind nicht die Ersten, die unterwegs sind. Verlässliche Pfade sind ausgeschildert. Der Weg liegt bereits unter unseren Füßen. Jeder und jede von uns muss sich fragen: Warum gehe ich nicht beständig und furchtlos diesen Weg?

Thomas Merton

Innere Sammlung

1.

In der inneren Sammlung stellen wir uns auf einen anderen geistigen Brennpunkt ein und stimmen unsere ganze Seele auf das ab, was jenseits von uns und über uns ist. Es ist eine „Umkehr" oder eine „Hinwendung" unseres Wesens zu Geistigem und zu Gott. Und weil das Geistige klar und schlicht ist, bringt innere Sammlung uns zugleich eine Klärung unseres Gemütszustandes und unserer Geistestätigkeit. Diese Klärung schenkt uns jenen Frieden und jene Betrachtungsart, die Jesus meint, wenn Er sagt: „Ist dein Auge klar, wird dein ganzer Leib licht sein" (Mt 6,22). Dieses Wort bezieht sich hauptsächlich auf die Lauterkeit der Gesinnung und gemahnt uns daran, dass innere Sammlung auch das bewirkt: Sie läutert unsere Gesinnung. Sie fasst alle Liebe unseres Herzens zusammen, erhebt sie über geschaffene und irdische Dinge und lenkt sie ganz auf Gott und Seinen Willen.

2.

Echte Sammlung ist an ihrer Wirkung zu erkennen: Frieden, innere Stille, Herzensheiterkeit. Der gesammelte Geist ist gelassen und gleichmütig, zum Mindesten in seiner Tiefe. Er lässt sich nicht erschüttern, weil die Leidenschaften vorübergehend zur Ruhe gekommen sind. Höchstens dürfen sie die Oberfläche der gesammelten Seele aufrühren. Da aber die Früchte der Sammlung durch Demut und Liebe und die meisten anderen grundlegenden christlichen Tugenden gezeitigt werden, so kann es natürlich keine echte Sammlung geben, wenn diese Tugenden nicht zusammenwirken, um ihr Inhalt und Wirklichkeit zu verleihen.

3.
Konzentration ist nicht innere Sammlung. Die beiden können zusammen bestehen, in der Regel aber bedeutet Sammlung weit mehr als die Einstellung des Denkens auf einen einzigen klaren Punkt; sie neigt viel eher dazu, das Denken zu durchlichten und zerfließen zu lassen und es dadurch über die Stufe der Spannung und eigenwilligen Lenkung emporzuheben.

4.
Innere Sammlung ist mehr als bloße Einkehr bei uns selbst, und sie verlangt nicht unbedingt die Ablehnung oder Ausschließung von allem Äußeren. Manchmal sind wir gesammelter und ruhiger, schlicht und rein, wenn wir durch äußere Dinge hindurchblicken und Gott in ihnen sehen, als wenn wir uns von ihnen abwenden und sie aus unserem Denken ausschließen. Sammlung lehnt die Sinnendinge nicht ab, sie ordnet sie. Entweder sind sie für die Sammlung bedeutsam und werden in ihrer Bedeutsamkeit erkannt, oder sie besagen nichts Bestimmtes und bleiben dadurch harmlos und neutral. Denn innere Sammlung bringt die Seele in Berührung mit Gott, und Seine unsichtbare Gegenwart ist ein Licht, das dem schauenden

Auge Frieden schenkt und es zugleich alles andere in Frieden sehen lässt.

5.
Innere Sammlung macht uns nicht abwesend, sondern anwesend. Vor allem werden wir durch sie bei uns selbst anwesend, uns selbst gegenwärtig. Wir werden eben jener Wirklichkeit gegenwärtig, auf die es in diesem Augenblick unseres Lebens am meisten ankommt. Und wir werden Gottes gegenwärtig, unser selbst und alles anderem in Ihm. Vor allem bringt Sammlung uns Gottes Gegenwart nahe, und das gibt aller anderen „Gegenwart" von der wir eben gesprochen haben, ihren Sinn.

6.
Zunächst müssen wir uns selbst gegenwärtig sein. Die Sorgen und Beschäftigungen des Lebens lenken uns von uns selbst ab. Solange wir uns an diese Dinge hingeben, ruht das Gemüt nicht in sich selber. Es wird seiner eigenen Wirklichkeit entzogen und auf Illusionen hingelenkt. Es lässt das fahren, was es tatsächlich hat und ist, um einem Schwarm von Möglichkeiten zu folgen. Möglichkeiten aber haben Flügel, und die Seele muss sich selbst entfliehen, um ihnen in die Wolken zu folgen. Wenn wir mit Möglichkeiten leben, sind wir aus der Gegenwart verbannt, die Gott uns als unser Eigen zugewiesen hat, heimatlos und vertrieben in einer Zukunft oder einer Vergangenheit, die uns nicht gehören, weil sie immer außerhalb unserer Reichweite sind. Die Gegenwart ist unser angemessener Platz, wir können ergreifen, was sie uns immer zu bieten hat. Innere

Sammlung ist das Einzige, was uns dazu befähigt. Aber bevor wir das näher erklären, wollen wir noch einmal zu dem Gedanken zurückkehren, dass wir durch Sammlung uns selbst gegenwärtig werden.

Solange wir auf dieser Erde leben, sind wir und sind zugleich nicht. Wir wandeln uns fortwährend, und doch ist der sich wandelnde Mensch immer der gleiche Mensch. Sogar in seinen Wandlungen drückt seine Persönlichkeit sich aus, entwickelt sich und bestätigt, was er ist.

Der Mensch ist ein freies Wesen, das sich ständig in sich selbst verwandelt. Diese Wandlung ist niemals schlechthin neutral. Wir werden stets entweder besser oder schlechter. Unsere Entwicklung wird an den Handlungen unserer freien Wahl gemessen, und wir gestalten uns nach dem Muster unserer Wünsche.

Wenn unsere Wünsche sich auf Dinge richten, die wir nach unserer Bestimmung haben und machen und werden sollen, dann werden wir uns zu dem entwickeln, wozu wir eigentlich erschaffen sind.

Wenn dagegen unsere Wünsche nach Dingen greifen, die für unser geistiges Wachstum sinnlos sind, wenn sie sich in Träumen, Leidenschaften oder Illusionen verlieren, dann betrügen wir uns selbst, und am Ende wird unser Leben erweisen, dass wir uns selber, unsere Mitmenschen und Gott belogen haben. Wir werden uns als Fremdlinge und Verbannte von uns selbst und von Gott erkennen.

In der Hölle gibt es keine Sammlung. Die Verdammten sind nicht nur von Gott und ihren Mitmenschen verbannt, sondern auch von sich selbst.

7.
Innere Sammlung macht mich mir selbst dadurch gegenwärtig, dass sie zwei Aspekte oder Wirklichkeiten meines Wesens zusammenbringt, als wären es zwei Linsen in einem Teleskop. Die eine Linse ist die Grundsubstanz meines geistigen Seins, die innere Seele, der tiefe Wille, die geistige Vernunft. Die andere ist meine äußere Seele, die praktische Vernunft, der Wille, der sich mit den Lebenswirklichkeiten beschäftigt.[44]

Wenn mein praktisches äußeres Ich unterwürfig ist und den Bedürfnissen gehorcht, die mir von Natur und Gnade eingepflanzt sind, dann ist meine ganze Seele in Harmonie mit sich selbst, mit der umgebenden Wirklichkeit und mit Gott. Sie vermag die Dinge zu sehen, wie sie sind, und ermöglicht es mir, Gottes innezuwerden. Dadurch werde ich mir selbst „gegenwärtig". Das heißt, mein äußeres Ich ist sich seiner wahren Aufgabe als Knecht des Geistes und der Gnade bewusst. Es weiß um den Vorrang der Gnade, weiß um das innere Ich, weiß um seine Unterordnung unter Geist und Gnade, weiß um seine Fähigkeit, in der Außenwelt zu wirken und dadurch die gnadenvolle Umgestaltung des Geistes zu unterstützen.

Wenn dagegen das äußere Ich nur sich selbst kennt, dann ist es von meinem wahren Ich geschieden. Es handelt niemals nach Maß und Bedürfnis meiner wahren Persönlichkeit, die dort lebt, wo mein Geist sich der schweigenden Gegenwart des Heiligen Geistes vermählt und mein tiefstes Wollen sein Hinstreben nach dem verborgenen Dasein der Gottheit bejaht.

Wenn ich mir selbst nicht gegenwärtig bin, dann

weiß ich nur um jene Hälfte von mir, jenen Teil meines Wesens, der sich nach außen, zu den geschaffenen Dingen wendet. Und dann kann ich mich leicht zwischen ihnen verlieren. Dann fühle ich nicht mehr den tiefen, heimlichen Antrieb der Liebesschwerkraft, die mein innerstes Ich zu Gott zieht. Wille und Vernunft verlieren ihre Herrschaft über die anderen Fähigkeiten. Sinne, Phantasie, Gefühle zerstreuen sich, um ihre verschiedene Beute über das ganze Angesicht der Erde zu verfolgen. Innere Sammlung vereinigt sie wieder. Sie bringt das äußere Ich in Einklang mit dem Inneren und lässt mein ganzes Wesen auf den tiefen Antrieb der Liebe antworten, der bis in das Mysterium Gottes hinabreicht.

8.

Innere Sammlung macht mir also das gegenwärtig, was in jedem Augenblick meines Daseins von bedeutsamer Wirklichkeit ist. Meine innerste Seele sollte stets in Gott gesammelt sein. Dadurch braucht sie mich nicht unbedingt von äußerer praktischer Beschäftigung abzuhalten. Gewiss, es gibt bestimmte Formen der Vereinigung mit Gott, die äußeres Tun beeinträchtigen. Aber Sammlung als solche ist vereinbar mit körperlicher und geistiger Tätigkeit und mit jeder üblichen Art von Arbeit.

Um im Handeln gesammelt zu sein, darf ich mich nicht in der Handlung verlieren. Und um stetig handeln zu können, darf ich mich nicht in der Sammlung verlieren. Gesammelte Tätigkeit, Ausübung meiner Standespflichten, in denen ich den Willen Gottes befolge, bedeutet darum Ausgeglichenheit zwischen innerer Reinheit und äußerer Aufmerksamkeit. Beides ist notwendig. Es ist grässlich, einen Mönch nachlässig arbeiten zu sehen, weil er versucht, gleichzeitig zu arbeiten und zu beten, so, dass er keines von beiden ordentlich tut. Es misslingt uns, innere Reinheit und äußere Aufmerksamkeit auszugleichen, wenn wir irgendwie uns selbst suchen anstatt Gott. Wenn wir bei der Arbeit nur unser eigenes Interesse suchen, werden wir uns nicht rein und gesammelt in einer Atmosphäre von Gebet bewahren können. Wenn wir im Gebet uns selber suchen, werden wir unserer Arbeit nicht die rechte Aufmerksamkeit schenken.

Das Geheimnis gesammelten Handelns ist vor allen Dingen Loslösung von uns selbst und von den Ergebnissen sowohl unseres Tuns wie unseres Betens. Von den Ergebnissen unserer Arbeit müssen wir uns lösen, um uns von der übereifrigen Sorge freizumachen, die uns rückhaltlos in Handlung stürzt. Wir müssen uns aber auch von dem Wunsch lösen, uns ständig in Gott gesammelt zu sehen und Seine Gegenwart im Herzen zu fühlen. Das heißt, wir müssen für Gott an die Arbeit gehen, im Vertrauen darauf, dass Er, wenn wir nur Seinen Willen tun wollen, für uns und unsere Sammlung sorgen und die Zerstreutheiten und Mängel gutmachen wird, die sich vielleicht in unser Tun einschleichen. Wenn wir in Frieden und Sammlung an die Arbeit gehen und uns dabei durch Gebet und lautere Gesinnung auf Gott einstellen, werden wir viel quälende Unruhe und unnützen Übereifer beim Fortgang der Arbeit vermeiden. Zerstreute Kräfte ermüden leicht. Geistige Ermüdung kommt von vergeudeter und falsch angewandter Mühe. Der daraus entstehende Widerwille lähmt unsere Seelenkräfte, so dass wir immer noch mehr Mühe aufwenden müssen und in umso tieferer Erschöpfung enden.

Hugo M. Enomiya-Lassalle

Erleuchtung

Die höchste Wirkung und, vom Zen her gesehen, das letzte Ziel des Zazen ist die Erleuchtung.

Durch eine Beschreibung verständlich zu machen, was dieses Phänomen ist, wäre vergebliches Bemühen. Eher noch könnte man sagen, was es nicht ist, und dadurch gewissen Missverständnissen vorbeugen. Aber damit kommen wir nicht weit. Die Erleuchtung ist eine Erfahrung, die jeder selbst machen muss, um sie zu kennen. Im Zen drückt man das gern in einem Gleichnis aus: Den Unterschied zwischen warm und kalt kann man nur durch eigene Erfahrung kennenlernen. Oder es ist wie mit einem Stummen, der einen Traum gehabt hat, aber niemandem erzählen kann, was er da gesehen hat.

Wir wollen aber die Sache damit noch nicht bewenden lassen, sondern versuchen, von verschiedenen Seiten eine der Wirklichkeit möglichst nahekommende Antwort auf die Frage zu geben. Wir tun das, indem wir

1. eine Beschreibung des Phänomens,
2. eine psychologische Interpretation und
3. eine begriffliche Erklärung versuchen.

Beschreibung des Phänomens

Im Allgemeinen sprechen sich japanische Zen-Meister nicht über ihre Erleuchtungserfahrung aus. Wenn sie überhaupt auf diesbezügliche Fragen antworten, äußern sie sich in Formen, die auch wieder nur für den Fachmann verständlich sind. Immerhin gibt es einige wertvolle Ausnahmen. Kosen Imakita spricht in folgender Weise von seinem Erlebnis: „Als ich eines Nachts in Meditation versunken war, geriet ich plötzlich in einen ganz merkwürdigen Zustand. Ich war wie tot. Alles war wie abgeschnitten. Es gab kein Vorher und kein Nachher mehr. Der Gegenstand meiner Meditation und mein Selbst waren verschwunden. Das Einzige, was ich fühlte, war, dass das Innere meines Selbst vollkommen geeint war und erfüllt von allem, was oben und unten und ringsum ist. Ein grenzenloses Licht strahlte in mir. Nach einer Weile kam ich wieder zu mir, wie einer, der von den Toten auferstanden ist. Mein Sehen, Hören, Reden, meine Bewegungen und meine Gedanken waren ganz verschieden von dem, was sie bis dahin gewesen waren. Als ich tastend versuchte, an die Wahrheiten der Welt zu denken und den Sinn des Unbegreiflichen zu erfassen, verstand ich alles. Es erschien mir klar und wirklich. Ohne es zu wollen, begann ich, in übergroßer Freude, meine Hände hochzuwerfen und mit den Füßen zu tanzen. Und plötzlich rief ich aus: ‚Eine Million Sutras sind nur wie eine Kerze vor der Sonne. Wunderbar, wirklich wunderbar.'" – Darauf verfasste Kosen das folgende Gedicht:

> „Ja, wir haben einander lange nicht mehr gesehen, Konfuzius! Wem soll ich's danken, dass ich in solch einer Welt dich antreffen durfte? Doch nein, ich selbst habe mich hier eingeführt."[45]

Meister Dogen sagte: „Shinjindatsuraku – Leib und Seele sind mir ausgefallen." Aus neuerer Zeit stammen die Erlebnisberichte, von denen Ph. Kapleau in „Die drei Pfeiler des Zen" berichtet. In letzter Zeit werden auch in Japan kürzere Erlebnisberichte veröffentlicht. Dabei geht es jedoch meistens um die „kleine Erleuchtung". Andere Meister verurteilen solche Veröffentlichungen, weil sie, von Anfängern gelesen, zum Hindernis für die Erleuchtung werden können.

Sehr aufschlussreich ist in diesem Zusammenhang das Erlebnis von Ramana Maharshi (1879–1951). Darüber schreibt Le Saux in „Indische Weisheit, christliche Mystik". In allen Beschreibungen wird das Phänomen als etwas Neues dargestellt. Ein Japaner nannte es einen „Bewusstseinssprung". In die gleiche Richtung weist die folgende Beschreibung von Thomas Merton über das Eintreten der mystischen Erfahrung: „In diesem Augenblick fällt das Bewusstsein unseres falschen, alltäglichen Selbst von uns ab wie ein schmutziges, von Nässe und Kot beschwertes Kleid. Das tiefere Selbst, das zu tief liegt für die Überlegung und Zergliederung, wird frei und versinkt im Abgrund göttlicher Freiheit und göttlichen Friedens. Nun bleibt keine Anspielung mehr auf das, was in uns, noch weniger auf das, was um uns geschieht. Wir stehen zu tief unter der Oberfläche, auf der die Überlegung vor sich ging."[46]

Dazu sagt Louis Gardet bezeichnend: „Es handelt sich nicht mehr um einen Abstieg in die innersten Falten der Subjektivität. Es handelt sich im Gegenteil darum, über die als solche gespürte Subjektivität hinauszukommen auf das Absolute zu, für das sie das Zeichen ist. Das Hineinblicken in das Ich, das sich erfährt, die Introspektion, ist eine normale menschliche Erkenntnis, ebenso normal wie die Betrachtung der äußeren Welt. Eine radikale Zurückwendung des Selbst auf sich selbst bewegt sich gerade in der Gegenrichtung zur gewohnten Art der Erkenntnis beim Menschen. Es beginnt erst jenseits der gespürten Bewusstseinszustände, der psychologischen und der moralischen. Nach der Auffassung der großen Experimentatoren des Selbst [...] beginnt der Weg für sie überhaupt erst, nachdem sie über die gewohnten Akte des erfahrbaren Ich hinausgegangen sind und sie hinter sich zurückgelassen haben [...]. Sicherlich wird die Formung dieser Erfahrung, vor allem aber der Versuch, sie in Begriffe zu spannen, nach Maßgabe bestimmter Voraussetzungen grundverschieden sein – je nachdem, ob z. B. die Existenz eines absoluten Ich angenommen oder abgelehnt wird.“[47]

Der Prozess geht also entgegengesetzt dem diskursiven Denken. Er ist rückläufig bis vor den Anfang des gewöhnlichen Denkens. Da versteht man, dass das diskursive Denken eingestellt werden muss, wenn man zur Erfahrung der eigenen Existenz, zum Satori kommen will. Alles, was auf diesem Wege erworben wurde, muss rückgängig gemacht werden. Alle Etiketten müssen abfallen. Man muss allem absterben, damit ein neues Leben erstehen kann. Die Lehre vom Sterben und Auferstehen ist auch im Buddhismus und speziell im Zen bekannt. Die hier gegebene psychologische Deutung ist einleuchtend und kann immerhin helfen zu verstehen, worum es bei der Erleuchtung geht. Trotzdem befriedigt sie uns vielleicht nicht in jeder Beziehung.

Wir haben tatsächlich heute noch einen anderen Weg, diesem Geschehen auf die Spur zu kommen, nämlich durch die Tiefenpsychologie. Der Gedanke, von dieser neuen Wissenschaft her das Phänomen der Erleuchtung zu untersuchen, liegt nahe. Wir wollen ihn auch nicht abweisen. Aber es wird doch besser sein, diese Untersuchung etwas zurückzustellen. An dieser Stelle würde dies uns zu weit vom Thema des Zen und speziell seiner Erleuchtung ablenken. Ich möchte also die tiefenpsychologische Untersuchung als ein eigenes Thema behandeln, dann aber die Anwendung davon nicht nur auf das Zen, sondern auch auf die christliche Mystik versuchen, denn sie gilt selbstverständlich für beide.

Begriffliche Erklärung

Eigentlich gibt es keine begriffliche Erklärung der Erleuchtung, denn sie ist überbegrifflich. Wenn wir trotzdem davon sprechen, ist zunächst zu sagen, dass sie keine Einzelerkenntnis ist. In diesem Sinne gesprochen, weiß man nach der Erleuchtung nicht mehr als vorher.

Wohl aber weiß man das bereits Gewusste in einer neuen Dimension. Trotzdem sagte ein Zen-Meister, den man fragte, ob man selbst wisse, dass man die Erleuchtung erlangt habe: „Selbstverständlich, denn man weiß hundertmal so viel wie vorher." Ohne Zweifel wird in der Erleuchtung ein erfahrungsmäßiges Wissen erlangt und nicht ein theoretisches. Das theoretische Wissen kann schon vorher da sein oder auch nicht.

Fragen wir nun: Was wird in der Erleuchtung erfahren? Darauf kann man (wenigstens) zwei Antworten geben:

1. Das Selbst wird erfahren, d. h. das tiefste Selbst im Gegensatz zum empirischen Ich. Dieses kennen wir alle. Wir führen es beständig im Munde. Dieses Ich ist noch nicht der Personkern. Es ist überhaupt nichts, das in sich existiert. Es ist auch von Anfang an gar nicht da. Es entsteht erst allmählich durch die Erfahrung, die der junge Mensch macht. Er wird sich erst langsam bewusst, dass er etwas Verschiedenes ist von anderen Menschen. Das ist der erste Schritt – wenn man so sagen will – zur Bildung der Persönlichkeit. Aber was dem zugrunde liegt und immer da war, hat er damit noch nicht erfahren oder wenigstens nicht unmittelbar. Von dieser Erfahrung kann er höchstens auf das Vorhandensein eines tieferen Selbst schließen. In der Erleuchtung wird man dieses „Selbstes" inne. Es ist die Erfahrung der Existenz. Unmittelbare Selbstwahrnehmung kann man es auch nennen. Schon seit den Urzeiten der indischen Weisen hören wir immer wieder die Mahnung, sich zu fragen: Wer bin ich? (Koan). Im Zen gibt es ein Koan, das lautet: „Was warst du, bevor

deine Eltern geboren waren?“ Heute sind auch im Westen viele Menschen auf dem Weg zu ihrem Selbst.

Im Buddhismus stoßen wir aber trotzdem mit dieser Erklärung auf eine Schwierigkeit. Es gibt nämlich nach dieser Lehre kein Selbst, weder ein empirisches noch ein tiefstes Selbst. (Über die Meinungsverschiedenheiten in dieser Frage wurde vorher gesprochen.) Wir müssen jedenfalls fragen: Falls es so etwas gar nicht gibt, wie kann man da sagen, dass in der Zen-Erleuchtung das tiefste Selbst erfahren wird? Um auf diese Frage eine Antwort zu finden, müssen wir zunächst die oben angedeutete zweite mögliche Antwort auf die Frage „Was wird in der Erleuchtung erfahren?“ geben.

2. Das ungeteilte absolute Sein wird erfahren. Dieses Sein kann als apersonal oder als personal erfahren werden. Man wird heute kaum mehr infrage stellen, dass die Zen-Erleuchtung und ähnliche Erlebnisse in den nichtchristlichen Religionen Erfahrungen dieses Seins sind, wenn auch nicht personal. Wäre es personal, so wäre das gleichbedeutend mit dem persönlichen Gott.

Wie schon Gardet oben andeutet, wird die Formung dieser Erfahrung, vor allem aber der Versuch, sie in Begriffe zu spannen, nach der jeweiligen Weltanschauung verschieden sein. Eine echte mystische Erfahrung sträubt sich gegen jede Begrifflichkeit. Daher wird jeder, der das zu tun versucht, die ihm zur Verfügung stehenden Kategorien zu Hilfe nehmen.

Der Buddhist erfährt in der Erleuchtung zwar das tiefste Selbst, aber als eins mit dem absoluten Sein, und er wird dadurch in seinem Glauben an die vollkommene Einheit des Seins bestärkt.

Der Christ oder der sonst an den persönlichen Gott Glaubende erfährt auch das Selbst, aber nicht nur in sich, sondern auch in seiner Beziehung zum absoluten Sein. Er erfährt das Absolute, Gott, in seinem Selbst. Daher geht die christliche Gotteserfahrung über das Selbst.

Beide, der Buddhist und der Christ (Monotheist), fühlen sich in ihrer Erfahrung befreit von Furcht und Zweifel und erfüllt von tiefstem Frieden und höchster Freude. Die Beziehung zum Absoluten ist also in beiden Erfahrungen wesentlich vorhanden. Wir fügen hinzu, dass diese Beziehung existentiell von jeher da ist, auch wenn sie niemals erfahren wird. Der Buddhist ist in diesem Sinne davon überzeugt, dass jeder und alles teilhat an der Buddha-Natur, und fordert, dass der Mensch sich dessen bewusst werden müsse, was tatsächlich in der Erleuchtung geschieht.

Es kommt uns hier nicht darauf an, wie diese Beziehung des Näheren bezeichnet wird. Es kommt darauf an, dass sie mit dem Menschen bzw. Geschöpfsein gegeben ist. Es ist daher auch nicht verwunderlich, dass die Erleuchtung sich in ähnlicher Form bei allen Religionen und zu allen Zeiten, auch heute noch, findet. Als Beispiel kann gelten, was Staehlin über dieses Erlebnis sagt.[48]

Auswertung und Erleuchtung

Obwohl die Erleuchtung ein einzigartiges und hochwertiges Erlebnis ist, wie das aus dem Gesagten zur Genüge hervorgehen dürfte, ist es für den Buddhisten nicht damit getan, dass er einmal dieses Erlebnis hat. Was fehlt also noch? Zunächst einmal gibt es Unterschiede zwischen diesen Erfahrungen, je nach der Tiefe oder Größe. Man spricht von kleinem Satori oder großem Satori und einem dritten, wiederholten Satori. Freilich sind diese Unterschiede nicht in vielen Stufen zu denken, etwa wie im Yoga mit den Stufen des Samadhi. Das kleine Satori wird meistens zunächst erlangt und von vielen auch nur als Einziges, d. h. sie kommen niemals zu einem großen Satori.

Wohl wiederholt sich das kleine ein- oder mehrmals. Das setzt voraus, dass man weiterhin mit Eifer meditiert. Das Satori soll und hat auch eine Auswirkung auf die ethische Vollkommenheit. Gerade das wird heute im Zen stark betont. Es ist nämlich nicht so, dass mit der Erlangung der Erleuchtung der Mensch schon vollkommen sei. Bisweilen hört man (nicht von Zen-Meistern freilich) die Auffassung, dass man erst die Erleuchtung erlangen könne, nachdem man ein vollkommener Mensch geworden sei. Solche Menschen sind dann verwundert, wenn sie bei einem Menschen, der angeblich die Erleuchtung erlangt hat, noch allerlei Fehler und Schwächen entdecken. Wohl erhält man durch das Zazen und besonders die Erleuchtung neue Kräfte, die einem auf dem Wege der Vollkommenheit voranhelfen können. Aber damit sie sich auswirken, muss man fleißig weiterüben. Wenn man das nicht tut, so verblasst die kleine Erleuchtung, und nach einiger Zeit ist kaum noch eine Wirkung zu spüren.

Anders ist es mit der großen Erleuchtung. Sie geht sehr tief und bleibt unvergesslich im Gedächtnis haften. Sie bedeutet wirklich eine Umwandlung. Man kann sich den Unterschied zwischen kleiner und großer Erleuchtung etwa so vorstellen: Man sitzt hinter einer undurchsichtigen Glasscheibe und möchte sehen, was draußen ist. Nun bohrt man ein ganz kleines Loch in die Scheibe, vielleicht nicht größer als die Dicke einer Stecknadel. Kommt man ganz durch die Scheibe hindurch, dann dringt ein ganz dünner Lichtstrahl ins Zimmer. Ein einziges Teilchen irgendeines Materials verstopft das Loch und alles ist wieder dunkel. Übt man weiter das Zazen, so wird das Löchlein allmählich größer, es kommt mehr Licht hinein. Dafür ist besonders die öftere Wiederholung der kleinen Erleuchtung wirksam, aber es geht doch noch recht langsam. Da kann es einmal geschehen, dass die ganze Scheibe hinweggezogen wird und das überhelle Licht frei einströmt. Das ist dann die große Erleuchtung. (Hier könnte die Frage gestellt werden, ob nicht die Scheibe durch beständiges Reiben allmählich und schließlich ganz durchsichtig gemacht werden könnte, als ob sie gar nicht mehr da wäre. Alle Zen-Meister würden das verneinen. Das ist die Auffassung von der plötzlichen Erleuchtung.)

Die letzte und vollkommene Auswirkung der Erleuchtung besteht darin, dass der Mensch vom Absoluten her in allem gelenkt wird. Er steht dann jenseits von Gut und Böse, in dem Sinne, dass er keines Gebotes und keiner Regel mehr bedarf, nach denen er sich ausrichten muss. Wie Konfuzius einmal gesagt hat, braucht er nur dem Zuge seines Herzens zu folgen. Der Buddhist würde das etwa die Harmonie mit dem Kosmos nennen.

In diesem Zusammenhang kommen wir nochmals auf den vorher angedeuteten Prozess des Personwerdens. Wir sahen, dass der erste Schritt getan ist, wenn das Kind fühlt, dass es etwas Verschiedenes ist von den anderen Menschen. Der zweite Schritt besteht nun darin, dass der junge Mensch, der erwachenden Wissbegierde in jeder Hinsicht folgend, von anderen lernt und dazu seine Erfahrungen macht, bis er schließlich voll ausgewachsen und weiterhin selbstständig wird. Er hat eine Familie und seinen Beruf, und nun ist er mit gewissen Einschränkungen ein freier Mensch. Er ist voll und ganz zur Person geworden. Aber eines Tages entdeckt er, dass er doch nicht ganz frei ist – und zwar auch innerlich nicht –, er ist mit tausend Fesseln beengt in seinen Bewegungen, Fesseln, die er sich selbst angelegt hat oder die ihm von den Mitmenschen und der menschlichen Gesellschaft angelegt wurden. Er weiß nicht, was es ist, er fühlt nur, dass ihm irgendetwas fehlt vom vollen Menschen. Aber er weiß nicht, was er tun soll. Er hat sein eigenes Selbst noch nicht gefunden. Er ist noch nicht wahrhaft frei. In dem Augenblick, in dem er es erkennt, wird er vor eine große Entscheidung, die größte seines Lebens, gestellt. Er muss alles lassen, was er besitzt und mit viel Mühe sich angeeignet hat. Er muss den mystischen Tod sterben, um wirklich ganz zu leben. Viele Menschen erkennen das, aber finden nicht den Mut, sich zu entschließen. Viele suchen dann einen Ausweg und finden ihn auch – zu ihrem Nachteil – in etwas, das doch nicht das Letzte ist. Aber sie werden nicht glücklich dabei. Bei Japanern kann dieses Gefühl des Fehlens an etwas Wesentlichem schon früh kommen. Es heißt dort „mujokan" (Gefühl des Nichtbeständigen von allem). Man sagt manchmal sogar, das sei dem Japaner angeboren (vielleicht Einfluss des Buddhismus). Besonders junge Leute machen dann oft radikal und schnell ernst damit. Sie unterbrechen ihre Studien und gehen in ein Zen- Kloster, um die Erleuchtung zu erlangen. Aber oft vergehen Jahre, bevor sie das Ziel erreichen, oder sie geben das Bemühen auf und suchen nun einen Beruf. Hätten sie zunächst ihre Studien abgeschlossen, bevor sie in das Zen- Kloster gingen, so wäre das kein Problem. Aber nun ist es für sie sehr schwer, den ihren Fähigkeiten entsprechenden Beruf zu finden, weil die Voraussetzungen fehlen. Zen ist tatsächlich ein Weg, zu dieser letzten Vollendung zu kommen. Auf die Parallele im christlichen Bereich möchten wir später eingehen.

Der ganze Weg des Zen, vom Augenblick der Erkenntnis, dass etwas Wesentliches fehlt, bis zur Vollendung, ist in den sogenannten zehn Bildern vom Hirten und seinem Rind sinnvoll dargestellt.

Eine letzte Frage, die oft gestellt wird, wie lange es daure, zur Erleuchtung zu kommen, und ob das überhaupt jedem Menschen möglich sei: Letzteres wird von den Zen-Meistern allgemein bejaht. Freilich setzt das voraus, dass man Zeit und Kraft hat, die Zen-Übungen zu machen und dazu eine gute Leitung hat. Im Übrigen hängt es von zwei Dingen ab, nämlich von der Veranlagung und vom persönlichen Einsatz. Manche Menschen kommen verhältnismäßig leicht zu einer kleinen Erleuchtung, andere brauchen selbst dazu trotz großen Eifers lange Zeit oder kommen niemals dazu.

Anhang

Anmerkungen

Christiane Neuen: Vorwort

1 Jung, C. G.: Das Grundproblem der gegenwärtigen Psychologie. In: GW 8: Die Dynamik des Unbewußten. Hg. von Marianne Niehus-Jung / Lena Hurwitz-Eisner / Frank Riklin / Lilly Jung-Merker / Elisabeth Rüf. Sonderausgabe. 6. Aufl. Edition C. G. Jung im Patmos Verlag, Ostfildern 2021, § 649.

2 So der Haupttitel einer von Jung selbst zusammengestellten und 1934 im Rascher Verlag, Zürich, veröffentlichten Schriftensammlung, die in gekürzter Fassung 1990 bei dtv und 2021 in der Edition C. G. Jung des Patmos Verlags wiederaufgelegt wurde.

3 Jung, C. G.: Vorwort. In: Wirklichkeit der Seele. Die Psychologie des menschlichen Geistes. Herausgegeben von Lorenz Jung. Edition C. G. Jung im Patmos Verlag, Ostfildern 2021, S. 7.

Verena Kast: Freude erlebbar werden lassen

4 Straub, Jürgen: Historisch-psychologische Biographieforschung. Theoretische, methodologische und methodische Argumentationen in systematischer Absicht. Asanger, Heidelberg 1989, S. 177ff.

5 Frisch, Max: Mein Name sei Gantenbein. Suhrkamp, Frankfurt am Main 1969, S. 62; vgl. ebd., S. 398.

6 Ders.: Augenblick. In: ders.: Tagebuch 1946–1949. Suhrkamp, Frankfurt am Main 1985, S. 109.

Brigitte Romankiewicz: Hoffnung wagen

7 *Wagen*, abgeleitet aus mhd. *Wage* = „unsicherer Ausgang“, vgl. Kluge, Friedrich / Seebold, Elmar / Bürgisser, Max (Hg.): Etymologisches Wörterbuch der deutschen Sprache. 22., völlig neu bearbeitete Aufl. de Gruyter, Berlin / New York 1989.

8 Vgl. Solnit, Rebecca: Hoffnung in der Dunkelheit. Unendliche Geschichten, wilde Möglichkeiten. Pendo, München/Zürich 2005, S. 13.

[9] Vgl. Rilkes Gedicht: „Ich lebe mein Leben in wachsenden Ringen, / die sich über die Dinge ziehn. / Ich werde den letzten vielleicht nicht vollbringen, / aber versuchen will ich ihn.“ (Rilke, Rainer Maria: Die Gedichte. 8. Aufl. Insel, Frankfurt am Main 1996, S. 199.)

[10] Vgl. Ziegler, Konrat (Hg.): Der kleine Pauly. Lexikon der Antike in fünf Bänden. Bd. 1: Aachen – Dichalkon. dtv, München 1979, Spalte 857.

[11] Vgl. Lurker, Manfred: Lexikon der Götter und Dämonen. Namen, Funktionen, Symbole, Attribute. 2., erw. Aufl. Kröner, Stuttgart 1989, S. 93.

[12] Vgl. u.a. Kerényi, Karl: Die Mythologie der Griechen. Bd. 1: Die Götter- und Menschheitsgeschichten. dtv, München 1996, S. 47; Ziegler, Der kleine Pauly. Bd. 1, Spalte 857; Lurker, Lexikon der Götter und Dämonen, S. 93; Vollmer, Wilhelm: Wörterbuch der Mythologie aller Völker. 3. Aufl. Hoffmann, Stuttgart 1874, S. 135.

[13] Kuiper, Pieter Cornelis: Seelenfinsternis. Die Depression eines Psychiaters. 8. Aufl. Fischer TB, Frankfurt am Main 2003, S. 240.

[14] Vgl. Vollmer, Wörterbuch der Mythologie aller Völker, S. 371.

[15] Vgl. Lurker, Lexikon der Götter und Dämonen, S. 323.

[16] Vgl. Roediger, Eckhard: Wege aus der Angst. Ein Ratgeber für Betroffene und Angehörige. Aethera im Verlag Freies Geistesleben & Urachhaus, Stuttgart 2005; Kuiper, Seelenfinsternis, S. 195.

[17] Ebd.

[18] Die christliche Ikonographie kennt für diesen unablässig notwendigen Ordnungsvorgang den Erzengel Michael, der den Drachen in seine Schranken weist.

[19] Vgl. Assagioli, Roberto: Die Schulung des Willens. Methoden der Psychotherapie und der Selbsttherapie. Junfermann, Paderborn 1982, S. 126.

Ingrid Riedel: Von Angst, Mut und Gelassenheit

[20] Richter, Horst-Eberhard: Flüchten oder Standhalten. Rowohlt, Reinbek bei Hamburg 1976.

[21] Bloch, Ernst: Das Prinzip Hoffnung. Bd. 1. Suhrkamp, Frankfurt am Main 1959, S. 3.

[22] Ebd., S. 1.

[23] Die hier formulierten Gedanken zur Gelassenheit sind in erweiterter Form nachzulesen in: Ingrid Riedel: Vom Lassen und Sich-lassen-Können. In: Neuen, Christiane (Hg.): Gelassenheit. Vom Umgang mit Angst und Krisen. Walter, Düsseldorf/Zürich 2004, S. 53–71.

[24] Schiller, Friedrich: Maria Stuart, III, 4, zitiert nach: Grimm, Jakob und Wilhelm: Deutsches Wörterbuch. 33 Bde. S. Hirzel, Leipzig 1854–1960 (als Nachdruck bei dtv, München 1991, und im Internet unter www.dwb.uni-trier.de), Bd. 5, Sp. 2868.

[25] Immanuel Kant, zitiert nach: ebd., Sp. 2870.

[26] Vgl. Grimm, Deutsches Wörterbuch, Bd. 5, Sp. 2865.

[27] Luxemburg, Rosa: Briefe aus dem Gefängnis. 16., erw. Aufl. Dietz, Berlin 2000.

[28] Ebd.

Brigitte Dorst: Meditation – der Weg nach innen

[29] Sachs, Nelly: Eli. Ein Mysterienspiel vom Leiden Israels. In: dies.: Zeichen im Sand. Die szenischen Dichtungen der Nelly Sachs. Suhrkamp, Frankfurt am Main 1962, S. 82.

[30] Mit eigenen Worten nacherzählt nach: Leggett, Trevor: Encounters in Yoga and Zen. Routledge & Kegan Paul, London 1982, S. 39f.

[31] Novalis: Gedichte, Romane. Eingeleitet und erläutert von Emil Staiger. Manesse, Zürich 1968, S. 19f.

[32] Teresa von Avila: Die Wohnungen der inneren Burg, 4 M 1,7. In: dies.: „Ich bin ein Weib und obendrein kein gutes". Ein Porträt der Heiligen in ihren Texten. Ausgewählt, übersetzt und eingeleitet von Erika Lorenz. Herder, Freiburg im Breisgau 1982, S. 67.

[33] Zinsendorf, Nikolaus Ludwig von: Einiger seit 1751. von dem Ordinario Fratum zu London gehaltenen Predigten in Dreyen Haupt-Abtheilungen edirter Erster Band. Zu finden bey dem Seminario Theologico, London und Barby 1756, S. 150.

[34] Tweedie, Irina: Der Weg durchs Feuer. Tagebuch einer spirituellen Schulung durch einen Sufi-Meister. Aus dem Englischen von Sabine Reinhardt. Ansata, Interlaken 1989.

[35] Shah, Idries: Die Sufis. Botschaften der Derwische, Weisheit der Magier. 2. Aufl. Diederichs, Düsseldorf/Köln 1981, S. 33.

Sylvia Wetzel: Den inneren Reichtum entdecken

[36] Skr. *budh* heißt wörtlich „erwachen".

[37] Bei einer tibetischen Meditation wird zuerst an acht Freiheiten gedacht, d.h. an acht ungünstige Bedingungen, von denen wir frei sind: „Ein Dasein in Höllenbereichen, als hungriger Geist und als Tier, als unzivilisierter Mensch und als langlebiger Gott, mit falschen Ansichten, in Zeiten ohne Buddhas sowie mit schwerer geistiger Behinderung – das sind die acht hinderlichen Umstände."

Sodann empfiehlt die Tradition, über zehn Reichtümer oder günstige Lebensbedingungen nachzudenken. Fünf hängen von uns selbst ab: „Menschsein, in einem zentralen Land geboren sein, aller Sinne mächtig sein, nicht durch extrem negative Handlungen belastet sein und Vertrauen in die angemessenen Mittel haben." Die anderen fünf günstigen Bedingungen hängen von anderen ab: „Ein vollkommen Erwachter ist in dieser Welt erschienen. Er hat die edle Lehre gelehrt. Seine Lehren sind erhalten. Die erhaltenen Lehren werden praktiziert. Es gibt Wesen, die sich liebevoll um andere kümmern." Auch wenn wir in unserem Leben nicht alle acht Freiheiten und zehn Reichtümer finden, können wir uns doch über alle günstigen Bedingungen freuen. Die beiden Zitate und weitere traditionelle Erläuterungen zum kostbaren Menschenleben finden Sie in dem tibetischen Klassiker aus dem 12. Jh.: Gampopa: Der kostbare Schmuck der Befreiung. Theseus, Berlin 1996, S. 31 ff. Vgl. auch Wallace, B. Alan: Von Tibet nach New York. Alte buddhistische Weisheit für unser heutiges Leben. Diamant, München 1995, S. 73.

38 Vgl. Shikpo, Rigdzin: Meditation und Achtsamkeit. Schlüssel zu innerem Vertrauen. Theseus, Berlin 1999, S. 114ff.

39 The Bhagavad Gita (übers. von Juan Mascaró). Penguin, London 1962, Kap. 4, Vers 40. Eigene Übersetzung ins Deutsche.

Niklaus Brantschen: Gottlos dankbar

40 Vgl. dazu Thich Nhat Hanh: Das Wunder der Achtsamkeit. Einführung in die Meditation. 2. Aufl. Theseus, Zürich/München 1990, S. 13.

41 Ders.: Lebendiger Buddha, lebendiger Christus. Verbindende Elemente der christlichen und buddhistischen Lehren. Goldmann, München 1996, S. 49.

42 Zitiert bei Steindl-Rast, David: Die Achtsamkeit des Herzens. Mit einem Vorwort von Anselm Grün. 3. Aufl. Herder Spektrum, Freiburg im Breisgau 2005, S. 135.

43 Ebd.

Thomas Merton: Innere Sammlung

44 Damit will ich nicht sagen, der Mensch hätte zwei Seelen mit verschiedenen Begabungsreihen. Die Seele des Menschen betätigt sich auf zweifache Weise, je nachdem sie es mit äußeren Leistungen oder innerer Betrachtung zu tun hat. Vgl. Augustin, De Trinitale, Lib. XII.

Hugo M. Enomiya-Lassalle: Erleuchtung

[45] Enomiya-Lassalle, Hugo M.: Zen – Weg zur Erleuchtung. Einführung und Anleitung. Herder, Freiburg im Breisgau u.a. 1987, S. 27.

[46] Merton, Thomas: Der Aufstieg zur Wahrheit. Benziger, Zürich 1988, S. 218; vgl. Enomiya-Lassalle: Zen – Weg zur Erleuchtung, S. 28f.

[47] Gardet, Louis: Mystische Erfahrungen in nicht-christlichen Ländern. Alsatia, Colmar 1956, S. 20ff.; 44; vgl. Enomiya-Lassalle: Zen – Weg zur Erleuchtung, S. 30 ff.

[48] Staehlin, Carlos Maria: Mystische Täuschungen. In: Geist und Leben 27.4, 1954, S. 276–290, vgl. Enomiya-Lassalle: Zen – Weg zur Erleuchtung, S. 39ff. (dort auch das Zitat von Thomas Merton).

Literatur

Assagioli, Roberto: Die Schulung des Willens. Methoden der Psychotherapie und der Selbsttherapie. Junfermann, Paderborn 1982.

Bloch, Ernst: Das Prinzip Hoffnung. Bd. 1. Suhrkamp, Frankfurt am Main 1959.

Dürrenmatt, Friedrich: Das Mögliche ist ungeheuer. Ausgewählte Gedichte. Diogenes, Zürich 1993.

Enomiya-Lassalle, Hugo M.: Zen – Weg zur Erleuchtung. Einführung und Anleitung. Herder, Freiburg im Breisgau u.a. 1987, S. 27.

Frisch, Max: Mein Name sei Gantenbein. Suhrkamp, Frankfurt am Main 1969.

Frisch, Max: Tagebuch 1946–1949. Suhrkamp, Frankfurt am Main 1985.

Gampopa: Der kostbare Schmuck der Befreiung. Theseus, Berlin 1996.

Gardet, Louis: Mystische Erfahrungen in nicht-christlichen Ländern. Alsatia, Colmar 1956.

Jung, C. G.: Das Grundproblem der gegenwärtigen Psychologie. In: GW 8: Die Dynamik des Unbewußten. Hg. von Marianne Niehus-Jung / Lena Hurwitz-Eisner / Frank Riklin / Lilly Jung-Merker / Elisabeth Rüf. Sonderausgabe. 6. Aufl. Edition C. G. Jung im Patmos Verlag, Ostfildern 2021, §§ 649–688.

Jung, C. G.: Vorwort. In: Wirklichkeit der Seele. Die Psychologie des menschlichen Geistes. Herausgegeben von Lorenz Jung. Edition C. G. Jung im Patmos Verlag, Ostfildern 2021, S. 7.

Kast, Verena (Hg.): Inspirationen für ein gutes Leben. Heil sein – heil werden. Herder, Freiburg im Breisgau 2005.

Kerényi, Karl: Die Mythologie der Griechen. Bd. 1: Die Götter- und Menschheitsgeschichten. dtv, München 1996.

Kluge, Friedrich / Seebold, Elmar / Bürgisser, Max (Hg.): Etymologisches Wörterbuch der deutschen Sprache. 22., völlig neu bearbeitete Aufl. de Gruyter, Berlin / New York 1989.

Kuiper, Pieter Cornelis: Seelenfinsternis. Die Depression eines Psychiaters. 8. Aufl. Fischer TB, Frankfurt am Main 2003.

Leggett, Trevor: Encounters in Yoga and Zen. Routledge & Kegan Paul, London 1982.

Lurker, Manfred: Lexikon der Götter und Dämonen. Namen, Funktionen, Symbole, Attribute. 2., erw. Aufl. Kröner, Stuttgart 1989.

Luxemburg, Rosa: Briefe aus dem Gefängnis. 16., erw. Aufl. Dietz, Berlin 2000.
Merton, Thomas: Der Aufstieg zur Wahrheit. Benziger, Zürich 1988.
Novalis: Gedichte, Romane. Eingeleitet und erläutert von Emil Staiger. Manesse, Zürich 1968.
Richter, Horst-Eberhard: Flüchten oder Standhalten. Rowohlt, Reinbek bei Hamburg 1976.
Riedel, Ingrid: Vom Lassen und Sich-lassen-Können. In: Neuen, Christiane (Hg.): Gelassenheit. Vom Umgang mit Angst und Krisen. Walter, Düsseldorf/Zürich 2004, S. 53–71.
Rilke, Rainer Maria: Die Gedichte. 8. Aufl. Insel, Frankfurt am Main 1996.
Roediger, Eckhard: Wege aus der Angst. Ein Ratgeber für Betroffene und Angehörige. Aethera im Verlag Freies Geistesleben & Urachhaus, Stuttgart 2005.
Sachs, Nelly: Eli. Ein Mysterienspiel vom Leiden Israels. In: dies.: Zeichen im Sand. Die szenischen Dichtungen der Nelly Sachs. Suhrkamp, Frankfurt am Main 1962.
Schiller, Friedrich: Maria Stuart, III, 4, zitiert nach: Grimm, Jakob und Wilhelm: Deutsches Wörterbuch. 33 Bde. S. Hirzel, Leipzig 1854–1960 (als Nachdruck bei dtv, München 1991, und im Internet unter www.dwb.uni-trier.de), Bd. 5, Sp. 2868.
Shah, Idries: Die Sufis. Botschaften der Derwische, Weisheit der Magier. 2. Aufl. Diederichs, Düsseldorf/Köln 1981.
Shikpo, Rigdzin: Meditation und Achtsamkeit. Schlüssel zu innerem Vertrauen. Theseus, Berlin 1999.
Solnit, Rebecca: Hoffnung in der Dunkelheit. Unendliche Geschichten, wilde Möglichkeiten. Pendo, München/Zürich 2005.
Staehlin, Carlos Maria: Mystische Täuschungen. In: Geist und Leben 27.4, 1954, S. 276–290.
Steindl-Rast, David: Die Achtsamkeit des Herzens. Mit einem Vorwort von Anselm Grün. 3. Aufl. Herder Spektrum, Freiburg im Breisgau 2005.
Straub, Jürgen: Historisch-psychologische Biographieforschung. Theoretische, methodologische und methodische Argumentationen in systematischer Absicht. Asanger, Heidelberg 1989.
Teresa von Avila: Die Wohnungen der inneren Burg, 4 M 1,7. In: dies.: „Ich bin ein Weib und obendrein kein gutes“. Ein Porträt der Heiligen in ihren Texten. Ausgewählt, übersetzt und eingeleitet von Erika Lorenz. Herder, Freiburg im Breisgau 1982.

The Bhagavad Gita (übers. von Juan Mascaró). Penguin Books, London 1962.
Thich Nhat Hanh: Das Wunder der Achtsamkeit. Einführung in die Meditation. 2. Aufl. Theseus, Zürich/München 1990.
Thich Nhat Hanh: Lebendiger Buddha, lebendiger Christus. Verbindende Elemente der christlichen und buddhistischen Lehren. Goldmann, München 1996.
Tweedie, Irina: Der Weg durchs Feuer. Tagebuch einer spirituellen Schulung durch einen Sufi-Meister. Aus dem Englischen von Sabine Reinhardt. Ansata, Interlaken 1989.
Vollmer, Wilhelm: Wörterbuch der Mythologie aller Völker. 3. Aufl. Hoffmann, Stuttgart 1874.
Wallace, B. Alan: Von Tibet nach New York. Alte buddhistische Weisheit für unser heutiges Leben. Diamant, München 1995.
Ziegler, Konrat (Hg.): Der kleine Pauly. Lexikon der Antike in fünf Bänden. Bd. 1: Aachen – Dichalkon. dtv, München 1979.
Zinsendorf, Nikolaus Ludwig von: Einiger seit 1751. von dem Ordinario Fratum zu London gehaltenen Predigten in Dreyen Haupt-Abtheilungen edirter Erster Band. Zu finden bey dem Seminario Theologico, London und Barby 1756.

Die Autorinnen und Autoren

Niklaus Brantschen, Jesuitenpater und Zen-Meister, ist Begründer des *Lassalle-Hauses*, Bad Schönbrunn (oberhalb von Zug/Schweiz), einem spirituellem Zentrum, das zu Stille, Begegnung und Reflexion einlädt und dessen Leiter er über viele Jahre war. 1995 gründete er zusammen mit Pia Gyger das *Lassalle-Institut Zen – Ethik – Leadership* mit Sitz im *Lassalle-Haus*, das Menschen in Führungspositionen einlädt, sich mit den Umbrüchen in der Leistungsgesellschaft auseinanderzusetzen. Der Autor zahlreicher Bücher ist ein gefragter Referent und Seminarleiter.

Linda Briendl, lic. phil., arbeitet als Psychologin, Psychotherapeutin mit eidgenössischer Anerkennung und als Supervisorin in eigener Praxis in Baden/Schweiz. Sie ist Jung'sche Lehranalytikerin und Ausbilderin am C. G. Jung-Institut Zürich. Seit vielen Jahren hält sie Vorträge und Seminare, vor allem zum Thema therapeutische Arbeit mit Bildern, und ist in der psychotherapeutischen Fort- und Weiterbildung tätig.

Dr. Brigitte Dorst, Professorin für Psychologie, Jung'sche Analytikerin und Psychotherapeutin in eigener Praxis, von 2008 bis 2017 Wissenschaftliche Leiterin der *Internationalen Gesellschaft für Tiefenpsychologie (IGT)*, ist Lehranalytikerin u.a. am C. G. Jung-Institut Stuttgart. Zu ihren Arbeitsschwerpunkten gehören die Themen Analytische Psychologie und Spiritualität, Transpersonale Psychologie, Symbolpsychologie, Krisenintervention sowie Sufismus. Zahlreiche Vorträge und Veröffentlichungen. Seit 1994 leitet sie Meditationsgruppen im *Sophia-Zentrum für Meditation und Spirituelle Psychologie* in Münster.

Dr. Eugen Drewermann ist Theologe, suspendierter katholischer Priester, Kirchenkritiker, Psychoanalytiker und Schriftsteller mit internationaler Reichweite; er gehört zu den bedeutendsten theologischen Autorinnen und Autoren. Für sein friedenspolitisches Engagement wurde er 2007 mit dem Erich-Fromm-Preis ausgezeichnet, 2011 erhielt er den internationalen Albert-Schweitzer-Preis, 2019 den Preis der Internationalen Hermann-Hesse-Gesellschaft. Der gefragte Referent nimmt immer wieder kritisch Stellung zu aktuellen gesellschaftspolitischen Fragen.

Hugo M. Enomiya-Lassalle, 1898–1990, Jesuitenpater und Zen-Meister, lebte über vier Jahrzehnte in Japan und nahm nach dem Zweiten Weltkrieg die japanische Staatsbürgerschaft an. Von 1935 bis 1949 leitete er von Hiroshima aus die Jesuitenmission in Japan. Ab 1956 war er Schüler des bedeutenden Zen-Meisters Harada Roshi und dessen Nachfolgers Yamada Koun Roshi. Zeit seines Lebens bemühte er sich um den Dialog mit dem Buddhismus, suchte nach der Verbindung zwischen Zen und christlicher Mystik und leitete viele Zen-Sesshins in Deutschland.

Khalil Gibran (1883–1931) war ein Wanderer zwischen den Welten: Als Zwölfjähriger emigrierte er aus dem Libanon in die USA, ging aber nach wenigen Jahren nach Beirut zurück, um auf einem maronitisch-christlichen College Arabisch und arabische Literatur zu studieren. 1902 übersiedelte er erneut in die USA, ging 1908 für ein Kunststudium nach Paris und zog 1912 nach New York. Gibran verfasste nicht nur viele bedeutende Werke auf Arabisch und Englisch, sondern war auch ein anerkannter Künstler. *Der Prophet*, eine Sammlung von 26 poetischen Essays, wurde 1923 ein in viele Sprachen übersetzter Bestseller.

Dr. Hubertus Halbfas (1932–2022), Religionspädagoge und katholischer Theologe, war von 1967 bis 1987 Professor für Religionspädagogik an der Pädagogischen Hochschule Reutlingen. Mit der Entwicklung seiner Symboldidaktik, die den symbolischen Charakter religiöser Sprache erschließt, hat er der deutschsprachigen Religionspädagogik wegweisende Impulse gegeben. In zahlreichen Veröffentlichungen setzte er sich vor allem mit den Themen Zukunft des Christentums, Krisen der Kirchen und Rückbesinnung auf den historischen Jesus auseinander.

C. G. Jung, 1875–1961, war neben Sigmund Freud der Begründer der modernen Tiefenpsychologie und gehört zu den größten Psychoanalytikern des 20. Jahrhunderts. Ursprünglich ein Schüler und Mitarbeiter Freuds, wandte er sich im Laufe seiner eigenen Forschungen und therapeutischen Tätigkeit mehr und mehr von den Theorien der Freud'schen Psychoanalyse ab. 1912 kam es zum Bruch mit Freud, Jung entwickelte seine eigene

„Analytische Psychologie". Er war ein Pionier in der Erforschung des Kollektiven Unbewussten und beschäftigte sich besonders mit den unbewussten, nicht-rationalen und transpersonalen Aspekten der Psyche.

Dr. Verena Kast, Studium der Psychologie, Philosophie und deutschen Literatur, Professorin für Psychologie und Psychotherapeutin in eigener Praxis, ist Dozentin und Lehranalytikerin am C. G. Jung-Institut Zürich. Von 1989 bis 2013 war sie 1. Vorsitzende der *Internationalen Gesellschaft für Tiefenpsychologie (IGT)*, von 2001 bis 2020 Mitglied der Leitung der *Lindauer Psychotherapiewochen (LP)* und von 2014 bis 2020 Präsidentin des C. G. Jung-Instituts Zürich. Zahlreiche Vorträge, Veröffentlichung viel beachteter Werke zur Psychologie der Emotionen, zu Grundlagen der Psychotherapie und der Interpretation von Märchen und Träumen.

Dr. Ishpriya Kinsey ist katholische Sacré-Cœur-Ordensfrau und promovierte Psychologin. Schwester Ishpriya lebte über 30 Jahre in Indien, wo sie östliche spirituelle Traditionen studierte und drei interreligiöse Ashrams mitbegründete. Sie ist Leiterin der *Internationalen Satsang Vereinigung (I.S.A.)* und führt deren spirituelles Zentrum *Die Quelle* in der Steiermark. Als spirituelle Lehrerin ist sie international gefragt und hält Vorträge, Seminare und Retreats überall auf der Welt.

Thomas Merton, 1915–1968, amerikanischer Trappistenmönch, Literaturwissenschaftler und Schriftsteller, gilt als einer der bedeutendsten christlichen Mystiker des 20. Jahrhunderts. Nach der Begegnung mit einem hinduistischen Mönch beschäftigte er sich mit seinen christlichen Wurzeln, konvertierte 1938 zum Katholizismus und trat 1941 in die Trappistenabtei *Gethsemani* in Kentucky ein, wo auch seine wichtigsten Werke entstanden. Er setzte sich intensiv mit hinduistischen, taoistischen und buddhistischen Traditionen auseinander, insbesondere mit dem Zen, und war ein Brückenbauer zwischen zeitgemäßer westlicher und östlicher Spiritualität.

Dr. Ingrid Riedel, Studium der evangelischen Theologie, Literaturwissenschaft und Sozialpsychologie, Honorarprofessorin für Religionspsychologie an der Universität Frankfurt, Psychotherapeutin in eigener Praxis in Konstanz, ist Dozentin und Lehranalytikerin an den C. G. Jung-Instituten Zürich und Stuttgart. Sie war lange Jahre Wissenschaftliche Leiterin der *Internationalen Gesellschaft für Tiefenpsychologie (IGT).* Zu ihren Arbeitsschwerpunkten zählen die Interpretation von Träumen, die Symbolik von Farben, Formen und Bildern sowie die von ihr weiterentwickelte Jung'sche Maltherapie. Zahlreiche Vorträge und Veröffentlichungen.

Brigitte Romankiewicz studierte Kunst, Deutsch und Religion für das Lehramt und arbeitete 20 Jahre als Lehrerin. Langjährige Studien auf dem Gebiet der Religions- und Kulturgeschichte sowie der Psychologie führten sie zu einer intensiven Auseinandersetzung mit der Bildsprache des Symbolischen. Sie war viele Jahre als Dozentin am C. G. Jung-Institut Stuttgart tätig. Zahlreiche Veröffentlichungen.

Sylvia Wetzel, Studium der Politikwissenschaft und Slawistik, ist Publizistin und buddhistische Meditationslehrerin. Seit 1977 praktiziert sie in der tibetischen Tradition, darunter zwei Jahre als buddhistische Nonne. Ab 1984 arbeitete sie mit in der *Deutschen Buddhistischen Union (DBU)*, zunächst als Vizepräsidentin und von 1986 bis 1993 als 1. Vorsitzende und Sprecherin. Sie gilt als Pionierin einer kulturell übersetzten und frauenfreundlichen Interpretation der buddhistischen Lehre. Seit über dreißig Jahren ist sie im buddhistisch-christlichen Dialog engagiert. Zahlreiche Vorträge und Veröffentlichungen.

Quellennachweis

C. G. Jung: Bist du auf Unendliches bezogen?
(S. 11–13)
Aus: Jung, C. G.: Erinnerungen, Träume, Gedanken. Aufgezeichnet und herausgegeben von Aniela Jaffé. Korrigierte Sonderausgabe. 22. Aufl. Edition C.G. Jung im Patmos Verlag, Ostfildern 2022, S. 354f.

Verena Kast: Freude erlebbar werden lassen
(S. 15–30)
Aus: Kast, Verena: Freude, Inspiration, Hoffnung. 6. Aufl. Patmos, Ostfildern 2013, S. 9–11; 55–70.

Eugen Drewermann: Von Liebe und Unsterblichkeit (S. 31–34)
Aus: Drewermann, Eugen: Was uns Zukunft gibt. Vom Reichtum des Lebens. 7. Aufl. Patmos, Ostfildern 2011, S. 191–194.

Brigitte Romankiewicz: Hoffnung wagen
(S. 35–50)
Aus: Romankiewicz, Brigitte: Hoffnung neu entdecken. Patmos, Düsseldorf 2008, S. 11–13; 120–127.

Ingrid Riedel: Von Angst, Mut und Gelassenheit
(S. 51–60)
Aus: Riedel, Ingrid: Die Welt im Spiegel der Seele. Gelebte Spiritualität. Patmos, Ostfildern 2017, S. 143f.; 147–154.

Linda Briendl: Die Kunst, schöpferisch zu leben (S. 61–69)
Aus: Briendl, Linda: Bilder als Sprache der Seele. Sich selbst entdecken durch Malen und Gestalten. 2. Aufl. Patmos, Düsseldorf 2013, S. 140–147.

Khalil Gibran: Von Liebe, Schönheit und Selbsterkenntnis (S. 71–76)
Aus: Gibran, Khalil: Der Prophet. Aus dem Englischen von Karin Graf. Neuausgabe. Patmos, Ostfildern 2014, S. 13–15; 54f.; 74–76.

Brigitte Dorst: Meditation – der Weg nach innen (S. 77–90)
Aus: Dorst, Brigitte: Alles beginnt mit Sehnsucht und Suche. Herzensbildung auf dem Sufi-Weg. Patmos, Ostfildern 2018, S. 18; 96–105 (überarbeitete und erweiterte Fassung).

Hubertus Halbfas: Der Sprung in den Brunnen (S. 91–95)
Aus: Halbfas, Hubertus: Der Sprung in den Brunnen. Spirituelle Wege. 2. Aufl. der Neuausgabe 2016. Patmos, Ostfildern 2022, S. 12–18.

Sylvia Wetzel: Den inneren Reichtum entdecken (S. 97–108)
Aus: Wetzel, Sylvia: Hoch wie der Himmel, tief wie die Erde. Einsichten und Übungen zu Leben und Liebe, Beziehungen und Arbeit. Patmos, Ostfildern 2022, S. 73–82.

Niklaus Brantschen: Gottlos dankbar
(S. 109–112)
Aus.: Brantschen, Niklaus: Gottlos beten. Eine spirituelle Wegsuche. 5. Aufl. Patmos, Ostfildern 2022, S. 29–32.

Ishpriya Kinsey: Der Ort, an dem nichts ist
(S. 113–122)
Aus: Sr. Ishpriya rscj: Es gibt keinen Weg, es gibt nur das Gehen. Hoffnungsvolle Schritte zur Quelle des Lebens. Grünewald, Ostfildern 2010, S. 61–70.

Thomas Merton: Innere Sammlung
(S. 123–130)
Aus: Merton, Thomas: Keiner ist eine Insel. Betrachtungen über die Liebe. Aus dem Englischen übertragen von Annemarie von Puttkamer. 2. Aufl. Patmos, Ostfildern 2018, S. 224–230.

Hugo M. Enomiya-Lassalle: Erleuchtung
(S. 131–142)
Aus: Enomiya-Lassalle, Hugo M.: Kraft aus dem Schweigen. Einübung in die Zen-Meditation. Herausgegeben von Günter Stachel. 6. Aufl. Patmos, Ostfildern 2012, S. 69–78.